Nuestra Felicidad
Según un Chamán de Nueva York

Luis Rojas Marcos

Nuestra Felicidad
Según un Chamán de Nueva York

ESPASA

ESPASA ⓔ HOY

Directora: Pilar Cortés
Editora: Olga Adeva

Diseño de cubierta: Tasmanias
Ilustración de cubierta: Sandra Llanas
Realización de cubierta: Ángel Sanz Martín

Depósito legal: M. 38.584-2000
ISBN: 84-239-6647-X

Espasa, en su deseo de mejorar sus publicaciones, agradecerá cualquier sugerencia que los lectores hagan al departamento editorial por correo electrónico: sugerencias@espasa.es

Impreso en España/Printed in Spain
Impresión: Unigraf, S. L.

Editorial Espasa Calpe, S. A.
Carretera de Irún, km 12,200. 28049 Madrid

ÍNDICE

TERCERA PARTE

Dedico este libro a los hombres y a las mujeres que se maravillan ante la enormidad de las altas montañas, se fascinan ante el poder de los mares tempestuosos o se extasían ante la grandeza del firmamento en una noche clara, pero pasan de largo, sin sorprenderse, ante ellos mismos y sus compañeros de especie.

PRIMERA PARTE

1
El reto del Central Park

«Deberíamos simplificar todas las cosas
lo más posible, pero no más.»

Albert Einstein, *El mundo como yo lo veo,* 1949

Hace treinta mil años, milenio más, milenio menos, en una cueva situada en la ladera de alguna montaña entre lo que hoy llamamos España y Francia, un chamán cubierto con pieles de oso y empuñando con firmeza el viejo fémur de reno que le servía de bastón de mando se dirigió a sus expectantes seguidores allí reunidos para hablarles del camino de la felicidad.

Una vez derramada la sangre de las ofrendas e invocados los espíritus a la luz de una llama vacilante que dibujaba sombras movedizas en las paredes, el hechicero Cromañón, en voz baja y tono hipnótico, se puso a condenar las malas costumbres y los vicios que, según él, eran causa de las desgracias de la tribu. A continuación, con palabras simples pero convincentes, enumeró una retahíla de prácticas y hábitos saludables que a su parecer asegurarían a los miembros del clan una existencia feliz y posiblemente eterna.

Este relato salió a colación una tarde de verano de 1998 en el Central Park de Nueva York, donde nos encontrábamos un grupo de amigos y amigas charlando sobre el papel tan interesante y, a menudo, valioso que han jugado los hechiceros, las curanderas, las adivinas y los profetas a la hora de definir los males de su época y fomentar la buenaventura entre sus adeptos y clientes. En un momento de la conversación, en tono afectuoso pero un tanto desafiante, mis amigos me preguntaron si, como los chamanes de las cuevas prehistóricas, me atrevería yo mismo a ofrecer en un discurso breve y asequible mis ideas sobre la felicidad en el mundo que hoy vivimos. Después de pensarlo unos minutos, acepté el reto. Intentar superar desafíos me ha proporcionado desde que era niño momentos muy dichosos. Pero aquella tarde de calor estival puse una condición: hacerlo a mi manera.

Para tratar de forma concisa y sencilla un tema tan profundo y extenso como la felicidad no tendría más remedio que elegir unos cuantos aspectos y pasar por alto muchos otros. A fin de cuentas expondría simplemente mi visión particular. Estoy seguro de que cualquier otra persona describiría esta proverbial aspiración humana desde un punto de vista diferente. Porque, si bien todos queremos ser objetivos cuando analizamos seriamente algún aspecto importante de la persona o del universo que nos rodea, lo cierto es que la pura imparcialidad no existe. La persecución de la escurridiza verdad, la evidencia o los hechos, está casi siempre influida por nuestra intuición, nuestros prejuicios, valores, deseos y sospechas, nuestras experiencias pasadas y presentes, las opiniones de los demás y nuestras voces internas. En mi caso, no es de extrañar que mis ideas sobre la felicidad estén, pues, coloreadas por los treinta y tantos años que llevo explorando el reverso tenebroso de la misma moneda. Me refiero en concreto a mi trabajo de intentar entender y aliviar el sufrimiento físico y mental de neoyorquinos y neoyorquinas, y de algún que otro compatriota español audaz que se cruza en mi camino.

No prometí originalidad a mis compañeros del parque. La preocupación por la dicha es un sentimiento tan humano, tan antiguo y universal, que por mucho que lo intentase no podría evitar repetir conceptos ya mencionados por otros autores o, incluso, por mí mismo en algunos de mis escritos publicados. Les advertí que para realizar a gusto mi cometido contaría con la ayuda y las sugerencias de compañeros y compañeras de vida, muy cercanos y queridos, como Paula Eagle, Gustavo Valverde, Mercedes Hervás y Lucía Huélamo. Finalmente, les propuse que para evitar que el vientecillo del parque se llevara de inmediato mis palabras, pediría a mis amigas Pilar Cortés y Sylvia Martín, de la Editorial Espasa Calpe, que las recogiesen y guardasen con cuidado en un pequeño libro.

Después de escuchar pacientemente estos comentarios, mis amigos asintieron comprensivos. Yo, sin esperar, me puse manos a la obra.

Se me ocurrió que para empezar debería retornar a la imaginaria anécdota de la tribu troglodita del principio, con el fin de hacer un rápido repaso —a todas luces incompleto y subjetivo— de sucesos y circunstancias que a través de los siglos han dado forma a nuestra felicidad. Pensé que también convendría evocar, aunque fuese de pasada, a algunos de los portentos que con sus ideas geniales, enseñanzas y descubrimientos nos han abierto el camino a lo largo de la historia para que podamos hallarla.

Y es que, lo mismo que cuando nos deslumbramos con una piedra preciosa nunca nos paramos a considerar que debe su belleza a millones de años de compresión en la roca, cuando nos invade la dicha o gozamos del bienestar cotidiano, tampoco reflexionamos sobre el papel esencial que juega en nuestro estado placentero el inaudito desarrollo que ha experimentado nuestra especie a lo largo de milenios. Lo normal es que demos por hecho los recursos o instrumentos prodigiosos que el progreso ha puesto en nuestras manos, y que ignoremos las fantásticas contribuciones de nuestros generosos antepasados a nuestra felicidad.

Por otro lado, la imagen de la sociedad de ayer, pacífica, piadosa y saludable, sirve casi siempre de telón de fondo en las discusiones sobre los cambios «sufridos» por la humanidad. Parece que, casi instintivamente, reivindicamos el honor de vivir en los momentos más desafortunados de nuestra existencia. Encandilados por el pequeño trozo de nuestro entorno más cercano e inmediato, por nuestro «aquí» y nuestro «ahora», no tenemos en cuenta la posición de privilegio que ocupamos dentro del largo curso de la historia natural. Y cuando con ánimo de sopesar nuestro bienestar presente lo comparamos con el ayer, a menudo seleccionamos escenas idealizadas de un pasado distorsionado que deja fuera la terrible dureza, las severas limitaciones y la cruel brevedad e incertidumbre de la existencia primitiva.

Raramente se nos ocurre pensar que hasta hace poco tiempo la muerte merodeaba por los hogares mucho más de lo que hoy rondan el cáncer, la depresión, el divorcio y el desempleo juntos. Nos olvidamos también de que la única misión de la mujer era procrear sin descanso y en silencio. Ignoramos que hasta los niños más afortunados que sobrevivían al parto y a las enfermedades de los primeros meses de vida, y no eran abandonados por sus progenitores, crecían sin derechos. La educación constituía el privilegio de unos pocos y cumplir cincuenta años era un milagro. Tampoco valoramos que únicamente en estos últimos años ha cundido la preocupación por el despilfarro de las riquezas naturales, el patrimonio del futuro. Aunque las injusticias sociales aún perduran en algunos países y continúan siendo un motivo muy importante de inquietud y de sufrimiento, la realidad es que nunca tantos pueblos han convivido tan democrática y libremente como ahora. Nunca tantos hombres y mujeres han disfrutado de tantas oportunidades y de mejor calidad de vida. Verdaderamente no existe una edad de oro que añorar que nos ofrezca la ruta segura de la felicidad. La Historia es el mejor antídoto de esa nostalgia.

Como punto de partida quiero dejar claro que estoy convencido de que, desde el origen de la humanidad, hombres y mujeres, mayores y niños, hemos buscado sin descanso la felicidad. Incluso los suicidas que, desesperados, se cortan las venas, se pegan un tiro o se ahorcan en un árbol, aspiran a encontrarla. La creencia ancestral, más o menos consciente, que albergamos casi todos es que la dicha existe. Creemos naturalmente en ella, aunque a veces se aparezca disfrazada y sea difícil de reconocer, o se oculte en lugares recónditos, o resida en paraísos distantes, o sus enemigos más feroces, como la depresión o el odio, la secuestren y mantengan lejos de nuestro alcance.

Sería irreal negar que existen personas sumidas en la desdicha. Casi todos conocemos a alguien que presenta un oscuro balance negativo de su vida, o hemos visto criaturas inocentes que desde que nacen hasta que llegan al final sufren sin descanso. No hace falta leer el *Libro de Job* para admitir que una racha de calamidades puede quebrar el talante más esperanzado y optimista. Como la trayectoria tortuosa e impredecible que sigue la hoja al caer del árbol, nuestro viaje por el mundo está salpicado de sorpresas acibaradas y de aguijonazos más o menos fortuitos que nos pueden amargar la vida. Esta es la razón por la que las personas invertimos tantos esfuerzos en elaborar teorías y planificar estrategias que nos ayuden a dominar nuestro destino.

Sin embargo, como demuestran los numerosos estudios que analizo más adelante, no es menos cierto que la mayoría de las personas nos consideramos generalmente felices la mayor parte del tiempo. Quizá no pueda ser de otra forma. No es fácil concebir la supervivencia de una especie tan consciente de sí misma, tan inteligente y tan habilidosa como la nuestra, sin que la mayor parte de sus miembros sienta de verdad que vivir merece la pena. No haría justicia a la realidad humana si no recordara al lector que durante muchos milenios las leyes de la naturaleza se han inclinado casi siempre a nuestro favor. Creo que este hecho merece ser valorado y disfrutado por todos nosotros como un regalo maravilloso del universo.

En los capítulos que siguen, después de hacer una breve revisión histórica de algunos acontecimientos y personajes que han configurado nuestro bienestar, incluyendo en el campo de la medicina, planteo la diversidad de significados que le damos a la felicidad, su medida, su abundancia, su distribución entre las personas y su expresión a través del cuerpo y el espíritu. Seguidamente, examino las semillas de nuestro talante dichoso, las directrices genéticas que guían su crecimiento y las condiciones del entorno que las hacen florecer. Analizo, por otra parte, los ladrones de la felicidad o las fuerzas malignas que a menudo socavan nuestra capacidad de gozarla. A continuación, esbozo los escenarios en los que a menudo experimentamos la alegría de vivir: nuestras relaciones, el trabajo o el mundo del ocio, y termino describiendo los ingredientes de la personalidad dichosa.

2
PALABRAS, CIVILIZACIÓN Y OPORTUNIDADES

«No hay nada más responsable de la añoranza de los buenos tiempos pasados que una mala memoria.»

DAVID LYKKEN, *Felicidad,* 1999

Tenemos una idea muy general de que nuestro universo surgió hace por lo menos quince mil millones de años de una enigmática y gigantesca explosión. Este prodigioso momento, descrito por el astrónomo y sacerdote belga Georges Lemaître en 1927, fue bautizado más tarde por el escritor de ciencia ficción inglés Fred Hoyle con el nombre onomatopéyico y hoy muy popular de *Big Bang,* en castellano algo así como *¡El Gran Pum!*

Se cree que nuestra especie proviene del australopiteco, una rama de la familia de grandes monos africanos que hace unos siete millones de años se separó de sus parientes, el chimpancé y el gorila. Estos primates superiores, entre los que se encuentra la famosa *Lucy* —la mujer-mona que vivió hace unos tres millones y pico de años y cuyo esqueleto fue desenterrado en el desolado Triángulo de Afar (Etiopía), en 1974—, evolucionaron muy lentamente. Un largo proceso de selección natural y desarrollo dotó a estos homínidos de las cualidades más útiles para la supervivencia hasta convertirse en nuestro antepasado más cercano, el *Homo sapiens,* hace cuatrocientos milenios, un puñado de siglos más o menos.

Siempre que reflexionamos sobre los hombres y las mujeres de un ayer tan lejano terminamos dándonos cuenta de lo poco que los conocemos. La verdad es que tenemos nociones muy borrosas de sus idas y venidas, de sus luchas, de sus preocupaciones y alegrías durante cientos de siglos. Como no dejaron ningún rastro escrito hasta hace solo unos cinco mil años, al remontarnos a su tiempo únicamente podemos especular sobre las ilusiones y esperanzas que les alentaban, o las emociones y los sueños que les hacían sentirse dichosos.

Los expertos intuyen que los seres humanos que vivieron en la Edad de Piedra no solo tenían grandes dificultades para resguardarse del azote de los elementos naturales, sino que no podían competir con muchas de las fieras hambrientas que les acechaban durante las largas, frías y negras noches del Paleolítico. Más que cazadores, con frecuencia eran ellos los cazados. En aquellos tiempos la impetuosidad antojadiza de la naturaleza, la ferocidad de las bestias o el mero azar limitaban las oportunidades de las personas para satisfacer sus mínimas necesidades, tanto físicas como emocionales. Los imponderables decidían la suerte y la calidad de sus vidas, unas vidas casi siempre breves, simples, frágiles y, sobre todo, inciertas. A pesar de su impotencia e indefensión ante los arrebatos del medio ambiente, imagino que estos nómadas vulnerables se sentirían felices y satisfechos en muchos momentos de su existencia cotidiana. De no haber sido así es difícil explicar el desarrollo tan vitalista de nuestra especie.

Es fácil suponer que el crecimiento de la materia gris pensante del cerebro humano primitivo y la proliferación de las conexiones neuronales hicieron que un día brotase en nuestros ancestros la conciencia de sí mismos como individuos diferentes y separados de los demás y de su entorno. Aunque la individualidad de todos los seres vivientes es tan antigua como la envoltura o membrana grasienta que separa una célula de otra, el sentido o la conciencia de uno mismo es único de la condición humana. Es curioso observar que los niños de dos meses ya perciben la separación entre ellos y sus cuidadores, y reconocen la diferencia entre tocarse ellos mismos o ser tocados por otros. Incluso a los quince meses las criaturas se identifican como parte de su familia y son conscientes de que son niños y no adultos.

El descubrimiento de la identidad individual permitió a nuestros lejanísimos padres y madres utilizar conscientemente su capital más valioso: ellos mismos. Así, aprovecharon sus poderes naturales para hacer realidad sus ilusiones. Es muy probable que al poco de iluminarse en su mente la conciencia de sí mismos y la percepción de sus semejantes como seres aparte naciese la capacidad de representar sus pensamientos y emociones a través de símbolos y se produjese el histórico «accidente glorioso» que creó la voz. De repente, debieron de darse cuenta de que podían usar el insólito regalo de la laringe y sus vibrantes cuerdas vocales para identificarse —de ahí, quizá, el invento de los pronombres personales— y manifestar a sus compañeros y compañeras lo que pensaban o lo que sentían mediante sonidos, cantos o palabras.

El placentero e irresistible instinto reproductor que hierve en nuestros genes, avivado por la fervorosa veneración colectiva de la fecundidad que reinó durante los primeros milenios de nuestra historia, potenciaron la expansión y continuidad de la raza humana. No obstante, es muy probable que nuestros distantes predecesores ganaran verdaderamente la pugna de la supervivencia gracias a su capacidad de hablar e intercambiar ideas entre ellos mediante palabras aceptadas y fácilmente comprendidas por el grupo. Es verdad que casi todos los miembros del reino animal poseen una cierta aptitud para transmitir y recibir señales, avisar a sus afines de un enemigo que se avecina, informarles de una fuente de comida o advertirles de sus intenciones más inmediatas. Pero la comunicación humana mediante palabras ricas en alegorías y significados es otra cosa bien distinta.

La aparición del lenguaje aceleró en aquellos hombres y mujeres la adquisición de valiosas habilidades. Me imagino que la intensa gratificación que sentirían al conversar y compartir ideas y sentimientos con sus semejantes, unida a los beneficios tangibles para la supervivencia que les aportaba el intercambio verbal de información y de experiencias, supuso un potente incentivo para vivir agrupados y trabajar en equipo. Con ayuda del lenguaje nuestros antepasados se organizaron para esquivar juntos los golpes de las fuerzas naturales, para defenderse de las alimañas o de las hordas humanas rivales, y para luchar unidos por la prosperidad y el bien común. Con el tiempo, su ventaja sobre las demás especies que habitaban el planeta se haría incuestionable.

Gracias a esta pasión tan humana por dialogar y relatarlo todo, nuestros ancestros habladores evitaron que cada nueva generación, ignorante de los avances conseguidos por sus progenitores, tuviera que partir de cero y descubrir lo que ya estaba inventado. La satisfacción casi instintiva de transmitir novedades y conocimientos propulsó el progreso. Estos seres primitivos pasaban contentos la antorcha de la vida y del saber a sus descendientes como hacen los atletas en las carreras de relevos, una antorcha que si bien ha evolucionado notablemente con el paso del tiempo, todavía sigue siendo entregada a los nuevos miembros de la especie, ansiosos por iniciar su recorrido, de manos de quienes culminan su ciclo vital.

Los seres humanos vivimos en un océano de palabras; pero, como les pasa a los peces con el agua, casi nunca somos conscientes de ellas. Hablar y escuchar hablar a otros es una actividad humana fundamental. Por eso, incluso los ermitaños y los más callados no pueden evitar hablar consigo mismos o entablar diálogos con personajes imaginarios. Y hasta en los sueños hablamos, escuchamos y mantenemos interesantes conversaciones. Gracias al lenguaje ningún ser humano es una isla. Y es que las palabras tienen el poder de reafirmar y moldear nuestra identidad social. Su carácter simbólico permite identificarnos, compartir ilusiones y alegrías o liberarnos de los temores y angustias que perturban nuestro equilibrio emocional. A través del habla somos reconocidos y comprendidos, podemos aclarar situaciones confusas, infundir esperanza, aliviar el sufrimiento y estimular en otros actitudes y comportamientos positivos. De hecho, la conexión verbal entre las personas es como la reacción entre sustancias químicas que se unen: al ponerse en contacto, todas se transforman. La capacidad de comunicación que nos permite hacernos unos a otros partícipes de nuestros mundos es sin duda la cualidad que mejor nos define.

Las pinturas de carbón y ocre representando leones, osos, bisontes, ciervos, caballos y algún que otro cazador, que admiramos en las paredes de las grutas prehistóricas, revelan un universo humano amenazado por animales voraces y plagado de peligros, pero también un mundo poblado de seres festivos, avispados y creativos, que superaban los avatares del día a día aliados unos con otros en tribus exploradoras y trashumantes que ya cuidaban de sus enfermos y enterraban a sus muertos.

Hoy se piensa que además de pintar y esculpir con arte, los ingeniosos cavernícolas se constituían en clanes que convivían unidos por vínculos de lealtad y por pactos solidarios de protección y amparo. Estos lazos fomentaban la reciprocidad, aseguraban la supervivencia, aumentaban las probabilidades de traspasar los genes humanos a generaciones futuras e impulsaban el proyecto evolutivo. A pesar de estar expuestos a las inclemencias del medio y a la hostilidad de adversarios formidables, estos hombres y mujeres disfrutaban de la danza, de la música y de compartir la caza de cada día alrededor de la hoguera. Eran prácticas sociales afables que florecían en un medio de palabras y estimulaban la camaradería, la armonía con la naturaleza y el desarrollo de la cultura.

Una vez que nuestros antepasados adquirieron el sentido de sí mismos y el lenguaje, quizá fuese un simple cambio atmosférico lo que verdaderamente les brindó su gran oportunidad. El aumento de la temperatura hace unos quince mil años hizo que comenzaran a derretirse las sábanas de hielo que cubrían la tercera parte de la Tierra y que surgieran los lagos, los ríos y los campos fértiles. El Sol alumbró el mundo con más intensidad que nunca, su calor nutrió la energía del suelo y reanimó la vitalidad de sus habitantes. El florecimiento de la iniciativa y la creatividad de los hombres y las mujeres no se hizo esperar. Impulsados por un arrollador anhelo natural de mejorar su condición y de controlar su destino lo más posible, aquellos seres humanos no tardaron en provocar por su cuenta y riesgo una cadena interminable de transformaciones positivas.

El invento de la agricultura y la domesticación de animales hace unos diez mil años revelan la inclinación de nuestros antepasados a no conformarse con la vida tal y como era. Estos adelantos también ilustran su habilidad para someter a la naturaleza y a otras especies en su propio beneficio. Hasta entonces, para poder subsistir, los pobladores de la Tierra no habían tenido más remedio que dedicarse en exclusiva a la recolección de plantas silvestres comestibles o a la captura de animales salvajes. No cabe duda de que la labranza, el pastoreo y la creación de granjas transformaron para siempre la vida humana. Estos recursos nos libraron del estado salvaje en que nos encontrábamos o, como resume la frase del filósofo inglés Thomas Hobbes, nos rescataron de una existencia «amarga, fea, bruta y corta».

La producción y conservación de alimentos favoreció un estilo de vida más estable y sedentario. Otra consecuencia fue el crecimiento de la población, al acortarse el tiempo entre los nacimientos. Anteriormente, las madres nómadas, obligadas a desplazarse errantes para encontrar comida, solo podían cargar con una criatura a la vez, por lo que no engendraban el siguiente hijo hasta que el primero pudiese caminar por su cuenta sin entorpecer la movilidad de la tribu, cada cuatro años más o menos. Para lograr este ritmo reproductivo las mujeres se aprovechaban de la amenorrea o falta de menstruación típica de la vida trashumante. Pero una vez que la población se acomodó en lugares fijos y seguros, el índice de natalidad se disparó. Bajo estas condiciones favorables no tardaron en surgir los asentamientos humanos densos y permanentes que, con el tiempo, se convertirían en ciudades.

Parece que los primeros poblados urbanos se establecieron hace unos seis mil años en Sumeria, en las fructíferas tierras de Mesopotamia, entre los ríos Tigris y Éufrates, lo que en la actualidad conocemos por el sur de Irak. Un amplio grupo de historiadores sostiene que los sumerios utilizaban el cobre y el bronce, navegaban en barcas de cuero, irrigaban la tierra, usaban el arado y llegaron a manejar el conjunto imperecedero del eje y las ruedas. Supongo que tuvo que ser un gran genio prehistórico con sorprendente imaginación el hombre o la mujer que pensase en la utilidad de unir con un palo el centro de dos rodajas de tronco de árbol. La invención de este artilugio singular dio lugar al carro, un transporte que al ser arrastrado por animales de tiro domésticos impulsó extraordinariamente la capacidad de movimiento. Impone pensar que durante siglos y siglos las tres únicas fuentes de energía existentes —las bestias, el flujo de los ríos y el viento—, aparte de los músculos humanos, fueron aprovechadas gracias a la rueda. Incluso en la actualidad la gran mayoría de las maquinarias que funcionan por el mundo dependen de mecanismos en los que interviene algún elemento con forma de rueda.

Gracias a la disponibilidad más previsible de comida, a la formación de poblados permanentes y al incremento de la mano de obra, la existencia se hizo más segura, más tranquila, más flexible y variada. Aumentó el tiempo libre y se multiplicaron las oportunidades de perseguir nuevas metas gratificantes. Al no tener que preocuparse exclusivamente por conseguir el sustento diario, muchos hombres y mujeres comenzaron a invertir sus energías y talentos naturales en explorar nuevas perspectivas y en desarrollar sus vocaciones. No tardaron en surgir artesanos y especialistas creativos. Unos se dedicaron a organizar, otros a pensar y a enseñar, y algunos a construir, a inventar y a impulsar el progreso.

Fruto de este avance en la calidad de vida y la creatividad de nuestros antepasados fue el histórico invento de la escritura. Empleando signos en forma de cuña, los sumerios idearon el alfabeto cuneiforme hace unos cinco mil años. La solución del dificilísimo problema de cómo diseñar caracteres que representaran sonidos hablados y que fuesen lo suficientemente simples para ser aceptados por el común de la gente supuso un avance gigantesco. La escritura impulsó enérgicamente a la humanidad al permitir la acumulación y difusión de nuevas ideas y descubrimientos. La palabra escrita ayudó a conservar las proezas de las personas, a registrar los sucesos más notorios de los pueblos y a dar fe del transcurso de la historia. Permitió la divulgación de acontecimientos, reales o imaginarios, y ofreció a hombres y mujeres un instrumento inigualable para la expresión artística a través de composiciones literarias.

En lugar de contentarse con vivir en cuevas y aguardar pasivamente los frutos del lento proceso evolutivo natural, nuestros enérgicos, inconformistas y ambiciosos predecesores decidieron acelerar su progreso comunicándose y uniendo sus aspiraciones, sus habilidades y sus fuerzas. Poco a poco se organizaron en colectivos con distintas funciones, construyeron sus propios hogares y crearon sociedades urbanas complejas capaces de llevar a cabo proyectos masivos que incluso hoy nos parecen irrealizables.

Las ciudades se compusieron, por un lado, de piedra y arcilla, y, por otro, de las creencias y emociones de sus habitantes. Esta combinación única se convirtió en el medio por excelencia de renovación del ser humano. Con sus libertades, sus opciones, su diversidad y su ritmo, las urbes no tardaron en proporcionar el caldo de cultivo de las ideas, los valores, las ciencias y las artes que constituyen los ingredientes de lo que hoy llamamos civilización. Con las ciudades surgieron también la centralización de la autoridad, la burocracia, la compraventa, los beneficios de la producción y los ejércitos profesionales dedicados a la defensa de sus gentes y terrenos o a la conquista de otros pueblos.

El invento de la urbanización también ofrece una cara sombría. El impulso del comercio, unido a la especialización de las ocupaciones y a la concentración de la población, complicó la estructura social, fomentó la dependencia y estimuló la competitividad entre los habitantes. Al magnificarse las diferencias económicas y proliferar las luchas por los bienes y el poder, aparecieron las elites. Como consecuencia, se institucionalizó la explotación de los grupos más débiles por parte de los más fuertes. Los motivos por los que los colectivos más vulnerables e indefensos fueron obligados a renunciar a su libertad y a ceder los frutos de su duro trabajo a unos pocos privilegiados, elegidos o autonombrados, han sido analizados apasionadamente por cientos de teóricos políticos. Los conceptos de sufragio universal y de igualdad de derechos no se convirtieron en lemas populares en las ciudades hasta el siglo XIX, cuando la reivindicación de las libertades individuales y el rechazo a los dictadores y al totalitarismo promovieron el concepto de la democracia como libertad para elegir, para discrepar o para oponerse y cambiar las reglas establecidas.

A pesar de los capítulos conflictivos que encontramos en los archivos de las urbes, la realidad es que la historia de la civilización es la historia de las ciudades. Como dice el sociólogo estadounidense Lewis Mumford, es posible que las ciudades sean el invento colectivo más precioso, pues constituyen el centro de la tolerancia, la convivencia y el saber de quienes las habitan.

A medida que los habitantes de la Tierra prosperaban, crecía el convencimiento de que sus triunfos tenían un precio: la ira del cielo.

Los dioses de las primeras ciudades no solo eran representados como irascibles, celosos y vengativos, sino que se les atribuía una especial inquina a los humanos. La fábula del castigo de Prometeo, el titán creador y protector de la humanidad, a manos del implacable Zeus, dios del cielo y de los vientos, ilustra el disgusto divino ante el auge del poder de los mortales. Según narra el poeta griego Hesíodo, la diosa Atenea enseñó a Prometeo la arquitectura, la astronomía, las matemáticas, la navegación, la medicina, la metalurgia y demás artes útiles. Prometeo las transmitió secretamente a la humanidad, junto con el fuego que había robado del Olimpo. Pero Zeus, al enterarse, encadenó a Prometeo a una columna en la que un buitre voraz le desgarraba el hígado durante el día. El tormento no tenía fin porque cada noche el hígado de Prometeo se regeneraba. Seguidamente, Zeus forzó a la bella Pandora a destapar la caja en la que guardaba las enfermedades, los vicios, el envejecimiento y la locura, los cuales se escaparon en forma de nube y atacaron a los mortales.

Quizá fuese nuestro empeño por liberarnos de la furia de estos dioses sádicos y tiranos lo que precipitó hace unos tres mil años el brote casi simultáneo de líderes religiosos y moralistas muy carismáticos en diferentes lugares del planeta. Abraham, Jacob, Moisés y otros patriarcas de las familias hebreas que apareciron en el valle del Nilo achacaban a un plan divino las vicisitudes de la existencia y explicaban la suerte de la humanidad en términos del bien y el mal, y del diálogo entre «Dios y el hombre». Al mismo tiempo, estos profetas empaparon de estrictos preceptos éticos la proverbial aspiración humana a la felicidad, así como los medios que las personas escogían para alcanzarla.

Un efecto de esta revolución moral fue la metamorfosis de los dioses mitológicos de principios decadentes y violentos, para quienes la vida no valía nada, en deidades racionales y misericordiosas que propugnaban las virtudes de la honradez y la piedad, y defendían la santidad de la vida humana. Sin embargo, este cambio no impidió que los nuevos dioses fuesen concebidos como enemigos implacables del materialismo de los mortales. Las populares historias narradas en el libro del Génesis —desde la caída de Adán y Eva y el apocalíptico Diluvio Universal, hasta la confusión de los constructores de la Torre de Babel o la quema con fuego y azufre de las ciudades de Sodoma y Gomorra— representan metáforas de la dura justicia divina ante los deslices humanos. El propósito de estos dramas, que pasaban de generación en generación, era recordar gráficamente a la humanidad que para conseguir la dicha en este mundo y, por supuesto, en el otro, no había otra alternativa que cumplir estrictamente con las leyes del cielo.

El Decálogo de Moisés es probablemente la lista de normas de comportamiento mejor conocida de esos tiempos. Según este código divino, Yahvé, además de exigir amor y adoración en exclusiva, ofreció la fórmula para ser felices: honrar al padre y a la madre, no matar, no cometer adulterio, no robar, no mentir y no codiciar la mujer ni los bienes ajenos.

Hace unos dos mil seiscientos años el sabio chino Laotse, un personaje que según la leyenda descendía de una estrella fugaz, creó la filosofía del Tao, en la que aconsejaba quietud e introspección, «ser» en lugar de «hacer». Casi al mismo tiempo, en Irán, el reformador Zoroastro interpretaba la vida como una lucha entre el bien y el mal, y predicaba que para ser dichosos eran necesarios «los buenos pensamientos, las buenas palabras y los buenos hechos». Este precursor del cristianismo exhortaba a los fuertes a defender a los débiles, a los ricos a dar de comer a los pobres, y a todos a ser bondadosos con los animales.

También en esta época nació el príncipe indio Gautama, conocido más tarde por Buda. Según este gran profeta, la causa de que la vida estuviese llena de sufrimientos era el ansia humana de placer, de poder y de inmortalidad. La felicidad, señaló este líder visionario, no solo en este mundo sino también en el que nos espera después de la muerte, se encuentra practicando las virtudes de ver, pensar, hablar, actuar y meditar correctamente. Confucio, el más influyente y famoso profeta y filósofo chino, contemporáneo de Buda, eludió la especulación sobre la vida después de la muerte y se dedicó a enseñar ética centrada en el presente. Seguido fielmente por cientos de millones de chinos durante más de dos mil años, consideraba a la humanidad como una familia y prescribía como regla de oro para alcanzar la dicha ayudarnos los unos a los otros y tratar a los demás como nos gusta que nos traten a nosotros.

Unos seis siglos después, profetas ilustres, como Jesucristo, fundador del cristianismo, y Mahoma, creador de la religión del islam y del imperio árabe, promovieron la figura de un Dios único, justo y compasivo. Predicaron las conductas piadosas y la idea de que las personas leales a Dios alcanzarían la dicha eterna en el más allá siempre que aceptaran con fe y resignación los dolores y las privaciones que inevitablemente sufrirían a su paso por este mundo, y siguieran a pies juntillas las normas detalladas en el Nuevo Testamento para los cristianos y en el Corán para los mahometanos.

Junto al aspecto positivo del florecimiento de los principios morales, el hecho de que la imagen divina fuese siempre la de un varón tuvo consecuencias nefastas para el sexo femenino. Alimentó tendencias machistas y misóginas que poco a poco fueron desintegrando el tejido del matriarcado y convirtiendo a las mujeres en seres supuestamente inferiores. Dichos y proverbios de la época reflejan con sorprendente crudeza esta actitud. Por ejemplo, una frase atribuida a Buda atestiguaba: «el cuerpo de la mujer es sucio y no puede ser depositario de la ley». Una oración hebrea reza: «Adorado seas, Señor, nuestro Dios, Rey del universo, que no me has hecho mujer».

A pesar del papel que jugaron las grandes religiones en la devaluación y discriminación del sexo femenino, el impacto de sus fundadores ha perdurado durante milenios y ha sido muy superior al de todos los líderes civiles y militares juntos. Sus enseñanzas tocaron un nervio colectivo tan sensible y receptivo que en poco tiempo se convirtieron en una especie de pozos de agua en el desierto, a los que acudían en tropel las multitudes. Unas, sedientas de ilusión y de guía; otras, angustiadas por encontrar un significado de la vida en el que creer y confiar; todas, en el fondo, motivadas por hallar el camino de la dicha.

La conciencia de moralidad, la fe religiosa y las promesas de paraísos distantes a los justos de buen corazón, que los profetas difundieron por el globo hace tres milenios, continúan en la actualidad siendo un manantial gratificante de esperanza, de fortaleza de ánimo, de paz interior y de espiritualidad para miles de millones de hombres y mujeres.

En resumen, hace varios cientos de miles de años, nuestros inteligentes antecesores adquirieron conciencia de sí mismos y crearon símbolos que les sirvieron para representar y compartir su mundo entre ellos. A continuación, gracias al llamado «accidente glorioso», dieron el soplo mágico y emitieron estos poderosos símbolos en forma de palabras. Muchos milenios más tarde, un cambio atmosférico providencial dio calor al planeta y encendió el ingenio de hombres y mujeres para extraer los frutos de la tierra, lo que a su vez permitió a la humanidad liberarse de la esclavitud que suponía la búsqueda diaria de subsistencia, y emplear buena parte de su energía en impulsar la civilización.

Desde el instante en que el Sol alumbró la Tierra con más ardor, floreció el conocimiento, se multiplicaron las oportunidades y el horizonte de la felicidad se expandió al reino casi infinito de la imaginación, las ilusiones y los sueños. Lo que comenzó como un obsequio de la estrella más cercana a la humanidad, no tardó en transformarse en un regalo de la humanidad al universo.

3
Ciencia, humildad y bienestar

«¿Debemos dejar dormir a nuestra gratitud
una vez superados los peligros?
—No. ¡Brindemos por los pilotos que nos
salvaron de las tormentas!»

George Canning, *Inauguración del Club Pitt,* 1802

Desde que nuestros antepasados dotados de grandes cerebros pensantes e impulsados por la fuerza evolutiva natural y el anhelo de vivir dichosos, comenzaron a discurrir y a hablar entre ellos sobre cómo mejorar su suerte, ninguna fuerza ha transformado más profundamente la búsqueda de la felicidad como nuestra capacidad de razonar y los frutos de la ciencia. Aunque los avances fueron muy lentos al principio, los nuevos conocimientos y sus beneficios fueron acumulándose y abriéndonos el camino irreversible del progreso.

El interés por el estudio metódico de las causas y los efectos de las cosas prosperó con una fuerza especial en la antigua Grecia. Hace unos dos mil quinientos años nació Sócrates, el famoso filósofo ateniense que dedicó su vida al análisis del comportamiento de las personas. Conocido popularmente por su inteligencia, temple y sentido del humor, Sócrates fue acusado de rechazar los dioses y las prácticas religiosas glorificadas en su época. Condenado a morir, se quitó él mismo la vida bebiendo dignamente una copa de cicuta ante sus amigos y alumnos. Según nos describe su discípulo Platón, pues el maestro no dejó ningún escrito, la fórmula de Sócrates para ser felices se centraba en los famosos principios: «¡conócete a ti mismo!» y «¡la verdad te hará libre!», dos consejos que todavía se consideran los pilares de la asignatura que trata sobre cómo vivir dichosamente.

Quizá, la figura intelectual más importante de ese tiempo fuese Aristóteles de Estagira. Los expertos señalan que el impacto de sus conceptos en el pensamiento de Occidente no ha sido sobrepasado por ningún otro filósofo. Hijo del médico del rey de Macedonia, Aristóteles mostró desde pequeño interés por la biología, la psicología y la ética. Inventor del silogismo o argumento lógico, en su obra *Moral, a Nicómaco* argumenta que no basta con que las teorías sobre las cualidades morales del alma parezcan verdaderas, sino que es necesario, además, que sean avaladas por la razón o «la parte científica y calculadora del alma». No creo que se haya escrito ningún libro sobre la felicidad que no mencione a este gran pensador. Y es que Aristóteles es el autor clásico universal que más atención dedicó a este tema y que con más fuerza ha inspirado a las generaciones que le sucedieron. Para este filósofo griego, dicen que de carácter bondadoso y humilde, la felicidad es el fin supremo que perseguimos en todos los actos de nuestra vida. Ser dichoso, según él, requiere virtud, entendimiento, sabiduría y una vida plena.

Séneca, el filósofo cordobés más influyente del imperio romano hace dos milenios, dedicó un libro sobre la felicidad a su hermano Galión que comienza con la frase «Todos los hombres, hermano Galión, quieren vivir felices». Séneca glorificó el juicio recto y el autocontrol, y llamó feliz a «quien gracias a la razón, ni desea ni teme». Al final de su vida, este gran filósofo fue condenado a suicidarse por conspirar en contra del Estado, acto fatídico que al parecer consumó con entereza abriéndose las venas.

Estos y otros grandes pensadores de la antigüedad esparcieron las semillas de la lógica y de la ciencia, y establecieron los cimientos teóricos de la dicha humana.

La ciencia moderna germinó hace solo unos mil años en los pozos subterráneos del sortilegio y la brujería, y dio sus primeros pasos en terrenos clandestinos empapados de superstición. Al comienzo, el conocimiento estuvo imbuido de doctrinas sobrenaturales y salpicado de la intriga y la ambición de sus buscadores. Este ambiente configuraba un escenario tenebroso de imágenes siniestras como las de la fábula del Doctor Fausto. Por si no recuerdan la leyenda original, Fausto era un astrólogo alemán que motivado por un ansia irresistible de poder se citó un día con el diablo y le propuso un pacto fatídico: a cambio de venderle su alma, Satanás le contestaría a todas sus preguntas y le complacería en todos sus deseos durante dos docenas de años. Desde ese momento, Fausto obtuvo respuestas a todas sus cuestiones y llevó una vida de lujos y placeres. Pero la última noche del contrato el demonio se cobró su parte. En medio de una terrible tormenta, le acuchilló brutalmente y se apoderó de su alma para siempre.

No fueron pocos los sabios intrépidos de aquellos tiempos que pagaron con la persecución, el encarcelamiento, la tortura e incluso la vida sus ideas «sospechosas» y descubrimientos. Pero nada ni nadie pudieron detener el progreso. Estudiantes de la Europa medieval, sumergidos en el mundo de la cábala y del ocultismo, terminaron iluminando muchas verdades del universo. Uno de ellos fue el astrónomo polaco Nicolás Copérnico. A mediados del siglo XVI Copérnico sugirió que la Tierra daba vueltas alrededor del Sol y no lo contrario, como se pensaba. Aparte de su extraordinario mérito científico, esta osada teoría minó el egocentrismo y el endiosamiento que alimentaban las creencias religiosas y filosóficas de la época.

Otros genios muy polémicos a quienes debemos hoy parte de los avances que facilitan nuestro bienestar y un mayor dominio de nuestro entorno fueron Francis Bacon y Galileo Galilei. Bacon era un apasionado filósofo londinense de vida muy accidentada que propuso la teoría del conocimiento científico basada en el entendimiento de las cosas a través de la observación y de los experimentos. Para este gran pensador «La meta verdadera y legítima de las ciencias no es otra que dotar a la vida humana de nuevos inventos y recursos». Galileo era natural de la ciudad italiana de Pisa y tres años más joven que Bacon. Incansable observador de las estrellas, inventó el telescopio y demostró científicamente que, como había sospechado Copérnico, la Tierra no era el centro del universo. De carácter combativo y rebelde, Galileo fue condenado varias veces por los tribunales de la Inquisición y se libró del patíbulo gracias a que se desdijo públicamente de sus teorías.

En 1596 llegó al mundo René Descartes. Este francés superdotado, considerado por muchos el padre de la filosofía moderna, enumeró las reglas del conocimiento —observación, análisis y síntesis—. Descartes quizá deba su popularidad a la frase «pienso, luego existo», aunque es también muy conocido por proponer la dicotomía, hoy desechada, entre la mente humana, que consideraba abstracta o intangible, y el cuerpo, regido por principios puramente mecánicos. La noción de la felicidad de este filósofo estaba basada en la satisfacción interior y no en las circunstancias externas. Su contemporáneo, el matemático religioso Blaise Pascal, desarrolló la teoría moderna de la probabilidad y formuló la famosa ley de física de los líquidos que lleva su nombre. A los treinta y un años, Pascal tuvo una revelación mística a la que llamó «la noche de fuego» y se recluyó en un convento religioso para emprender una nueva vida. Durante su aislamiento escribió *Pensamientos,* obra en la que explica que la felicidad es inalcanzable porque en el momento en que nos disponemos a ser dichosos nos invaden inevitablemente nuevos deseos de conseguir lo que no tenemos. En estos años nació en Inglaterra el gran científico Isaac Newton. De talante austero y solitario, antes de cumplir los treinta años ya había concebido el cálculo, identificado los colores que componen la luz y enunciado la teoría de la gravitación universal, que explica la fuerza de atracción mutua que mantiene en equilibrio a los cuerpos celestes.

El siglo XIX vio nacer tres almas geniales que no puedo ignorar en este breve repaso de agradecimiento: Charles Darwin, Sigmund Freud y Albert Einstein. Estos sabios tenaces no solo esclarecieron muchos de los misterios que emborronaban nuestra visión de la realidad humana, sino que, de paso, nos ayudaron en la búsqueda de una vida mejor invitándonos a reconocer el valor de la humildad.

En los últimos días de diciembre de 1831, la embarcación *Beagle* partió de Inglaterra en un viaje alrededor del mundo para estudiar la vida de animales salvajes. A bordo se encontraba Charles Darwin, un afable muchacho de veintidós años, recién graduado en religión por la Universidad de Cambridge. Una curiosidad apasionante por la historia natural le había empujado a la aventura, según sus notas autobiográficas. Darwin comenzó la travesía convencido de que Dios había creado cada ser viviente para cumplir una misión específica en este mundo. Esta idea, sin embargo, cambiaría más tarde como resultado de sus observaciones sobre las iguanas y los pinzones en las islas Galápagos. Lo que más fascinó al joven genio fue la amplia diversidad de estos animales y su asombrosa aptitud para adaptarse a las exigencias del medio ambiente.

Dos décadas después del viaje, Darwin dio con la clave: las especies no son inmutables, sino que se transforman poco a poco en especies nuevas y más avanzadas, seleccionando de forma natural sus atributos más útiles para la supervivencia y desechando los inservibles. Según este proceso evolutivo, el *Homo sapiens* provenía de los simios, y estos, a su vez, de otras formas inferiores de vida. Este concepto, además de contradecir a la Biblia y a sus incondicionales adeptos, chocaba contra la ciencia y el sentido común de la época. Hasta ese momento se pensaba que las especies aparecían y desaparecían, pero eran inmutables. Sencillamente, un mono no podía transformarse en persona. Excepto, claro está, por una orden divina.

Como ocurrió con la noción de que la Tierra no era el centro del universo, el hallazgo de Darwin produjo convulsiones de indignación. Las manifestaciones de condena por parte de filósofos y, sobre todo, de líderes de la Iglesia fueron inexorables. El científico Stephen Hawking, en su obra *Breve historia del tiempo,* reflexiona sobre este momento histórico y se pregunta con ironía: «¿Y qué hacía Dios antes de crear el Universo? ¡Preparar el infierno para aquellos que hicieran esas preguntas!». Afortunadamente, con el tiempo y el desgaste de la vehemencia ideológica, comenzó a hacerse evidente que tanto la espiritualidad personal como el significado que decidimos darle a la vida, incluyendo la providencia divina, pueden coexistir en paz con la fuerza evolutiva de la selección natural.

La gran proeza de Darwin fue descubrir la continuidad de los seres humanos dentro del reino de la naturaleza. Este descubrimiento tiene un mérito extraordinario, si tenemos en cuenta que en su tiempo todavía no se conocían ni las leyes de la herencia, demostradas en guisantes por el sacerdote austriaco Gregorio Mendel en 1865, ni mucho menos el papel del ácido desoxirribonucleico, o ADN, en la transmisión genética. En el fondo, la evolución natural es una forma de inmortalidad basada en el hecho sobrecogedor de que todos los seres vivientes somos fruto del mismo árbol de la vida. De esta manera los humanos estamos conectados inseparablemente, por un lado, a las especies vegetales y animales antediluvianas que nos precedieron, y por otro, a las especies más avanzadas que nos seguirán en el futuro.

Tres años antes de que Darwin publicara su teoría en *El origen de las especies* nacía Sigmund Freud en Moravia. Desde su infancia, Freud demostró una pasión arrolladora por entender las motivaciones que guían el comportamiento humano. Después de cuarenta años de trabajo intenso para conseguir esclarecer los enigmas de la mente, este psiquiatra de método escrupuloso y talante algo indulgente —según sus biógrafos a los veintiocho años descubrió en su propio cuerpo el poder euforizante de la cocaína, «una droga mágica», aunque su verdadera adicción fueron los puros, de los que llegó a fumar veinte diarios— propuso una solución que inmortalizó su nombre.

Fundador del psicoanálisis, o método para investigar y curar enfermedades mentales mediante el examen del inconsciente, Freud consideró que las raíces de la neurosis y otros trastornos emocionales se alimentan de experiencias traumáticas infantiles, tanto reales como imaginarias, que reprimimos o enterramos en el inconsciente para evitar así su efecto doloroso. El metódico análisis de su propia niñez y de la de sus clientes en Viena le convenció de que los tres primeros años de la vida eran decisivos en la formación del carácter humano. Su noción del «complejo de Edipo» o la relación triangular de atracción sexual, celos y rivalidad que, según él, se establecía inevitablemente en la infancia entre el hijo o la hija y el padre y la madre, y que desembocaba en la identificación del niño con el padre y de la niña con la madre, ha tenido un profundo impacto en generaciones de psicólogos y educadores. Además, sus teorías sobre el desarrollo infantil sirvieron para humanizar la percepción de la niñez.

No olvidemos que hasta principios del siglo XIX la infancia era considerada un período puramente biológico, que a los siete u ocho años se investía, como por arte de magia, del «uso de razón» y se transformaba en la etapa de «mayoría de edad». Las necesidades emocionales de los pequeños eran ignoradas y la vieja ley romana *patria potestas* confería a los padres un poder absoluto sobre su supervivencia. Un reflejo de esta visión materialista de los niños era la extendida práctica de usarlos como objetos utilitarios y de abandonar a las criaturas indeseadas. Se calcula que durante el siglo XVIII uno de cada cinco recién nacidos en Europa era abandonado por sus padres. Invisibles tras los muros de hospicios y orfanatos, estos pequeños entraban en el mundo como extraños y morían, casi siempre prematuramente, entre extraños.

Sin embargo, la crítica de Freud a la religión como una ilusión infantil y su énfasis en la sexualidad resultaron tan repugnantes para la burguesía europea de la época que sus obras fueron censuradas en diversos países, incluso por hombres y mujeres de ciencia. Una notable excepción fue Albert Einstein, a quien Freud conoció personalmente en Berlín en 1926, y con quien mantuvo por escrito una relación de amistad y admiración mutua. Quizá la clave de esta apacible amistad entre los dos genios estuviese en el comentario que Freud hizo en una ocasión sobre Einstein: «es un hombre alegre, seguro de sí mismo y ameno. Entiende de psicología tanto como yo de física; por eso siempre tenemos una conversación agradable».

El gran regalo de Albert Einstein, en mi opinión de profano, ha sido enseñarnos que la presencia del observador altera inevitablemente el fenómeno observado. Galaxias, estrellas y planetas viajan continuamente por el universo, y nuestro sentido del espacio, del tiempo y del movimiento depende de la posición que ocupamos en relación con la de los cuerpos celestes. Einstein transformó todos estos conceptos considerados exactos y absolutos marcándolos para siempre con la noción revolucionaria e imprecisa de la relatividad.

Einstein también hizo estallar el proverbial antagonismo entre la ciencia y el dogma. Mientras en la Unión Soviética declaraban en 1925 que la teoría de la relatividad era inaceptable desde el marco del materialismo dialéctico, el Vaticano la condenaba como una «blasfemia que produce dudas universales sobre Dios y su creación». Einstein no era hombre religioso creía en «un Dios que se manifiesta en la armonía de todo lo que existe, pero no en un Dios que se preocupa del destino y los actos de los hombres».

Sócrates, Aristóteles, Séneca y otros filósofos de la antigüedad cultivaron las raíces de la razón, de la lógica y del conocimiento. Por su parte, Copérnico, Bacon, Galileo, Descartes, Pascal y Newton fueron sabios pioneros y valientes, que en un período de solo cinco siglos y, en muchos casos, arriesgando su vida sacaron a la ciencia del mundo oscuro y disparatado del ilusionismo y la hechicería, e impregnaron el saber humano de objetividad y cordura.

Darwin, Freud, Einstein y muchos otros hombres y mujeres geniales que he silenciado, no solo nos han ayudado a entender el universo y sus leyes, sino también a conocernos mejor y a adaptarnos saludablemente al medio en que habitamos. En el fondo, todos ellos fueron nuestros primeros padrinos de la felicidad. Sus vidas demuestran que las verdades no se inventan: se descubren. Las verdades genuinas rezuman claridad, poseen la cualidad de la evidencia y nos animan a ser conscientes de nuestras posibilidades, de nuestras limitaciones y, en definitiva, de nuestra naturaleza. Los logros memorables de la ciencia nos invitan a distanciarnos de la prepotencia, que es incompatible con el conocimiento, y a adoptar una actitud abierta, curiosa y agradecida hacia nuestra situación en el mundo.

Como el psicólogo Erich Fromm nos plantea en su obra más leída, *El arte de amar,* el narcisismo y sus derivados, el absolutismo y la supremacía moral, se interponen en nuestra percepción de la realidad. En sus palabras: «la capacidad de pensar objetivamente es la razón y la virtud detrás de la razón es la humildad. Pero ser objetivos y utilizar la razón solo es posible si somos humildes y hemos escapado de los sueños de omnisciencia y omnipotencia de la infancia».

Para aprender a vivir felices es muy útil la humildad que brota de la conciencia de nuestra realidad. Por ejemplo, es saludable reconocer que no somos el centro del universo, sino una minúscula fracción de su inmensidad, y que al igual que otros muchos seres vivientes, estamos sujetos a un imparable proceso evolutivo de selección natural. Es reconfortante admitir que existen fuerzas mentales, conscientes e inconscientes, que no controlamos, pero que influyen poderosamente sobre nuestros deseos y comportamientos; y no olvidar que la visión que tenemos del mundo es muy subjetiva, depende de dónde estemos situados en un momento dado, de nuestro punto de vista. Al mismo tiempo es muy sano sentir gratitud hacia los personajes de hoy y de ayer que han contribuido a nuestro bienestar.

Una vez que abandonamos el talante egocéntrico y nos mentalizamos de que somos parte de un todo mucho mayor, disfrutamos de nuestra verdadera naturaleza y nos es más fácil separar las cosas que están bajo nuestro control y podemos cambiar, de las que no. Además, esta actitud nos ayuda a apreciar a nuestros semejantes como seres autónomos y a situarnos genuinamente, a través de la empatía, en sus circunstancias, lo que nos permite amarlos tal y como son.

Otro grupo de personajes ingeniosos excepcionales, dotados de una insaciable sed de saber y, sobre todo, de una propensión natural casi irresistible a curiosear y a innovar, se encargaron de aplicar las teorías científicas a la práctica y a la mejora tangible de nuestra calidad de vida. El sacerdote francés Nicolás Bullet ofrece un buen ejemplo de cómo emplear estas cualidades para inventar instrumentos maravillosos que nos faciliten más oportunidades de disfrutar la vida. Un día de 1282 este religioso, desconocedor de los principios más básicos de óptica, se sorprendió de que todo lo que miraba a través de un cristal de superficie curva aumentaba de tamaño. La inocente sorpresa del padre Bullet ha permitido a miopes, hipermétropes y astigmáticos —incluido un servidor— ver con claridad a través de anteojos de vidrio curvado. Y gracias a otros genios que supieron adaptar este asombroso efecto magnificador del cristal cientos de millones de personas se salvaron de una muerte prematura: sin la lupa y su poder amplificador no existiría el microscopio y hubiera sido imposible identificar microbios y virus diminutos causantes de infecciones epidémicas mortales. Las lentes también han hecho posible que podamos gozar de la fotografía, del cine y de la exploración de los secretos más recónditos del firmamento.

El invento de la imprenta por el joven artesano alemán Johann Gutenberg constituye uno de los grandes momentos en la historia del talento creador humano en beneficio del progreso. Sin este artefacto, que imprimía con precisión y rapidez miles de copias de palabras escritas en tinta, no hubiera sido posible la difusión de información, excepto entre los pocos privilegiados que tenían acceso a los costosos manuscritos originales. La producción de obras literarias de todo tipo, libros, periódicos y revistas, ha tenido y aún tiene una profunda influencia en nuestra vida diaria, en la cultura y en el desarrollo de la humanidad.

La necesidad de resolver problemas acuciantes concretos también ha estimulado al ingenio humano a buscar soluciones novedosas. Un ejemplo fue el invento de la anestesia a finales del siglo XVIII. Aunque el uso de plantas, como opio, mandrágora y marihuana para aliviar el dolor venía de lejos, el descubrimiento del poder anestésico del óxido nitroso o «gas de la risa» por el químico inglés Humphry Davy, quien lo inhaló en un momento de desesperación para aliviar un insoportable dolor de muelas, constituyó el preludio de las intervenciones quirúrgicas para curar enfermedades. Sin embargo, este triunfo no fue bienvenido por algunos críticos y grupos religiosos convencidos de que eludir el dolor no era bueno para el ser humano. En respuesta a los partidarios del sufrimiento se hizo popular recurrir a la intervención divina descrita en el primer capítulo del Génesis para demostrar que Dios no era simpatizante del dolor: «No es bueno que el hombre esté solo. Voy a darle una ayuda adecuada... Entonces Dios hizo caer un profundo sueño sobre el hombre, el cual se durmió. Y le quitó una de las costillas, rellenando el vacío con carne. De la costilla que había tomado del hombre, Dios formó la primera mujer».

Otro ejemplo de nuestra capacidad de encontrar soluciones originales a situaciones apremiantes que tuvo enormes consecuencias para el bienestar de la humanidad fue la invención del motor de vapor por el inglés James Watt, en 1769, con el fin de extraer el agua que se acumulaba peligrosamente en las minas de carbón. Varios años después, esta bomba de agua hirviente se convirtió en la primera fuente de energía artificial propulsora de molinos de algodón, de trenes y de barcos. El invento del motor de vapor y sus descendientes más eficaces y potentes de gasolina constituyó el detonante de la Revolución Industrial. Estas máquinas potenciaron la tecnología y el comercio, aceleraron el transporte, introdujeron la sensación excitante de velocidad, expandieron la libertad de movimiento de las personas, acortaron las distancias y unieron a los pueblos del planeta de la forma más insospechada.

El descubrimiento de la electricidad supuso otro avance tecnológico de consecuencias positivas inimaginables para la calidad de vida de la humanidad. Parece que todo empezó en el siglo XVI con la observación casual del doctor William

Gilbert, médico de la reina Isabel I de Inglaterra, de que un imán ordinario o una piedra de calamita emitían una fuerza invisible que atraía objetos de hierro, mientras que si se frotaba un pedazo de resina dura y amarillenta de ámbar atraía trocitos de papel. Científicos posteriores como Benjamin Franklin, Luigi Galvani, Alejandro Volta, Michael Faraday, Thomas Alva Edison —quien patentó más de mil inventos, incluyendo la bombilla, el fonógrafo y el proyector de cine— y muchos otros genios de la tecnología se encargaron de desarrollar el potencial de esta fuerza electromagnética misteriosa y descubrir aplicaciones tan pragmáticas como admirables.

Un artilugio de consecuencias insólitas para la convivencia de nuestra especie fue el teléfono. Se cuenta que el 10 de marzo de 1876 Alexander Graham Bell, un audiólogo inglés dedicado al estudio de la sordera y casado con una mujer sordomuda, con ayuda de Thomas Watson, lograron en su laboratorio de Boston comunicarse desde habitaciones separadas a través de un largo cable cuyos extremos habían conectado a una membrana vibradora. Hoy día es imposible concebir nuestras relaciones con otras personas, la vida cotidiana o el funcionamiento de la sociedad, sin este prodigioso instrumento de comunicación.

Con el tiempo muchos ingenios tecnológicos adquieren utilidad práctica y los consumidores sienten el deseo irresistible de adquirirlos. Podríamos decir que de la misma manera que la curiosidad ha sido la madre de los inventos, estos, a su vez, han engendrado necesidades y aspiraciones insospechadas. El filósofo español Julián Marías nos ayuda a comprender la relación que a menudo existe entre la tecnología y nuestra dicha cuando señala en su libro *La felicidad humana:* «Sería ridículo decir que la felicidad consiste en la electricidad —la humanidad ha vivido sin ella en casi toda su historia—, pero hoy la felicidad es difícil sin ella». Marías explica que un simple apagón de luz nos hace sentirnos mal porque la electricidad se ha convertido en un requisito para la realización de nuestros proyectos, desde los más elementales hasta los más complicados.

La producción al por mayor de todo tipo de máquinas y aparatos diseñados para iluminar la noche, posibilitar la comunicación a distancia, transmitir información, facilitar actividades de entretenimiento, controlar la temperatura del ambiente y, en general, hacer más cómodas y eficaces muchas de las tareas de la vida diaria —no ignoremos el impacto de los electrodomésticos como la nevera o la lavadora— cambiaron drásticamente los comportamientos, las expectativas y el estilo de vida de las personas. El uso masivo del automóvil, el tren, el barco y el avión acercó a los pueblos más alejados y convirtió al planeta en un gigantesco vecindario dinámico, fluido, diverso y rebosante de gentes conectadas. Al mismo tiempo, la proliferación de las líneas de montaje y la fabricación industrial en grandes factorías modificó para siempre el significado del trabajo. El impacto de este cambio tecnológico, económico y social fue tan profundo y definitivo que numerosos sociólogos, psicólogos, filósofos y economistas continúan en la actualidad estudiando sus enormes implicaciones para la existencia humana.

Los avances de la tecnología han transformado y enriquecido el mundo de las bellas artes. La conservación y reproducción de la pintura, la escultura, la arquitectura y otras expresiones de belleza se han perfeccionado tanto y su difusión es tan extensa que hoy casi todas las obras de arte pueden ser admiradas y disfrutadas en cualquier parte del planeta. En el caso de la música, por ejemplo, la tecnología ha puesto en las manos de sus virtuosos una amplia gama de instrumentos musicales para perfeccionar sus creaciones, y de medios electrónicos muy fieles para divulgar sus sintonías. Hoy día este conmovedor estímulo sensual, dotado del poder de producir en las personas las emociones más variadas e intensas, se ha convertido en un placer del que muy pocos seres humanos pueden prescindir.

El cine es otro ejemplo de la tecnología aplicada al arte y al entretenimiento. La gran pantalla es sorprendentemente efectiva para representar dramas y evocar emociones. Las imágenes cinematográficas tienen una cualidad mágica. Su luminosidad, su movimiento, su magnetismo y su capacidad de absorber nuestra atención las convierten en estímulos profundamente sugestivos. Con ayuda del zum, la cámara revela el mundo con más detalle que los propios ojos y nos permite, gracias al montaje, existir como en los sueños, en varios lugares y épocas al mismo tiempo. Una buena película deleita, conmueve, hace pensar, sentir, llorar y reír.

La televisión decide muchas de las cuestiones sobre las que pensamos a diario y enriquece nuestro conocimiento del mundo. Si los hombres y las mujeres de antaño se sentían vigilados por los dioses o por simbólicos triángulos con ojos, los de hoy somos guiados por el televisor. En una noche normal más del 60 por 100 de toda la población de Occidente conecta con el «pequeño escenario». La televisión es, por ahora, el medio de información más eficaz, porque ofrece el producto más inteligible y penetrante y exige un mínimo esfuerzo mental o imaginativo. Una televisión responsable y creativa instruye y sitúa al espectador en el tiempo y en el espacio. También distrae, educa y une, al invitarnos a disfrutar y compartir con millones de personas situaciones de otro modo inasequibles. No obstante, como ocurre con casi todos los grandes inventos, su mal uso puede producir efectos nocivos, sobre todo en los niños. En mi opinión, el daño que causa la televisión no se debe tanto a las imágenes que transmite como al valioso tiempo que roba a otras actividades creativas y socializadoras tan necesarias, especialmente durante los primeros años de la vida.

La invención más reciente que está revolucionando la convivencia es Internet. En 1969 Internet vino al mundo, en Estados Unidos, como un sistema de comunicación seguro, estrictamente militar, que se usaría en caso de ataque nuclear. Su función original era proporcionar una especie de correo electrónico interno, totalmente garantizado, a través del cual circularía información secreta. A medida que el miedo a un conflicto atómico disminuyó con el desmantelamiento de la Unión Soviética hace unos doce años, este sistema de comunicación fue traspasado del mundo militar al campo de la Universidad, con el fin de facilitar a estudiantes e investigadores la búsqueda de información. Más tarde se desarrollaron enlaces que permitieron interconectar en una red electrónica un número indefinido de bancos de datos e imágenes.

En 1993 solo había unas cien estaciones en la red; hoy, más de cien millones de personas «navegan» diariamente por este ciberespacio, entramado invisible o virtual. Según la Encuesta General de Medios, casi cuatro millones de españoles estaban conectados a Internet en 1999. Internet constituye el sistema internacional de comunicación más exhaustivo que ha tenido la humanidad. Combina en una red gigantesca las funciones del teléfono, el fax, la radio, la televisión y la prensa, con la información, las imágenes y la música de las mejores bibliotecas, museos, auditorios y centros de entretenimiento. Internet permite anunciar, comprar y vender todo tipo de productos, y ofrece toda la gama de servicios disponibles en el mercado mundial.

Aunque se teme que Internet cree una clase social distanciada y aislada en un mundo impersonal de imágenes digitales, electrones y ondas, pienso que este miedo es infundado. Gracias a Internet se han multiplicado las opciones de relacionarnos con gente que no vive necesariamente en nuestro entorno. De hecho, un sondeo reciente de American Life Project muestra que el 66 por 100 de las personas que utilizan Internet dicen que, gracias al correo electrónico, sus relaciones con amigos y familiares han mejorado. Otro estudio del profesor de comunicación James Katz, de la Universidad de Rutgers, revela que en los últimos años más de un millón de nuevas amistades iniciadas en el ciberespacio han acabado en encuentros cara a cara. Como ya ocurrió con la televisión, este medio extraordinario de intercambio global se está enfrentando a los desafíos que plantean la economía, la política, la ética, la psicología y la libertad de expresión.

El uso extendido de todos estos ingenios prodigiosos, que permiten el rápido transporte y la comunicación instantánea de millones de personas entre los lugares más alejados del planeta, preocupa a mucha gente que teme que la globalización del conocimiento, de las costumbres, del consumo y en definitiva de la cultura destruya los valores tradicionales y genuinos de las diversas comunidades de la Tierra. Para algunos, el creciente acercamiento y la integración de la humanidad representa una especie de veneno que disuelve la identidad individual y culminará un día en la muerte de la civilización.

La globalización cultural que fomenta la tecnología, a mi parecer, no está reñida con la individualidad y autonomía de las personas. Precisamente, hace mil años, cuando se pensaba que la Tierra era plana y el universo giraba a su alrededor, las necesidades individuales no parecían existir. Las personas ordinarias —la inmensa mayoría— no tenían apellidos, ni identidad personal. Vivían subordinadas a la religión institucional y a la autoridad totalitaria de las elites, y carecían de la más mínima vida privada. Comían, dormían, se vestían y se aseaban hacinadas en viviendas colectivas a la vista de parientes y vecinos. La arquitectura del hogar no valoraba en absoluto el espacio personal. De hecho, hasta el siglo XVIII, la gran mayoría de las casas no tenían pasillos. Para llegar de la habitación A a la D se tenía obligatoriamente que pasar por los cuartos B y C, o por las habitaciones intermedias.

Resulta irónico observar que, a pesar de que la gran mayoría de los avances tecnológicos hacen nuestra existencia más llevadera, facilitan el bienestar y ofrecen más opciones y libertad para experimentar momentos de dicha, a lo largo de la historia nunca han faltado los nostálgicos de un pasado sencillo, campestre y libre de artefactos. Y es que, desde que los antiguos dioses griegos decidieron que la humanidad sería castigada por obtener los misterios del Olimpo con la ayuda de Atenea y Prometeo, mucha gente no se apea de la desconfianza hacia los beneficios del desarrollo.

Incluso hoy, la ansiedad y el desconcierto que suelen causar en nosotros los logros tecnológicos hacen que a menudo los mezclemos precipitadamente con los miedos del momento, sin valorar primero sus posibilidades ni el buen o mal uso que hacemos de ellos. A mi entender, mezclar los frutos de la tecnología con dolencias como el aislamiento social, el consumismo descontrolado, la pérdida de identidad o incluso la violencia, es erróneo e injusto. Además, ignora nuestra probada capacidad para beneficiarnos del progreso y aprovechar los nuevos recursos en nuestra búsqueda del bien común.

4
Medicina y calidad de vida

«Se cuenta que un joven sociólogo que llevaba
a cabo una encuesta epidemiológica en un pueblo
le preguntó a una señora mayor de apariencia sabia y
meditabunda que pasaba por la calle: "¿Cuál cree usted
que es la tasa de mortalidad en esta zona?".
Después de hacer una pausa de reflexión,
la mujer respondió con seguridad:
"Yo diría que una muerte por persona".»

John Rowe, *Envejecer con éxito,* 1998

Desde el nacimiento de nuestra especie ningún ser viviente se ha librado de la muerte. Como los mitos y la religión enseñan, vivir para siempre es cosa de dioses. Lo que sí ha cambiado es la expectativa de vida, o el tiempo que una persona espera vivir. En este sentido, hoy vivimos como promedio el triple de lo que vivían nuestros antepasados cavernícolas, y el doble que los hombres y las mujeres de hace menos de cinco generaciones. Pero este triunfo de la longevidad humana no ha sido rápido ni fácil. Tuvieron que pasar muchos milenios para que lográsemos entender y dominar las enfermedades devastadoras que nos acortaban la vida y socavaban brutalmente nuestras posibilidades de felicidad.

Los seres humanos siempre hemos tenido unas relaciones muy precarias con las enfermedades. Cuando comenzamos a surgir del oscuro y lento proceso evolutivo, las enfermedades ya nos estaban esperando. De hecho, un fémur descubierto en la isla de Java en 1891 y otros restos humanos antiquísimos hallados más recientemente demuestran que nuestros antepasados de hace decenas de miles de años ya eran torturados por el cáncer, la tuberculosis de los huesos, la artritis, las infecciones y los cálculos en la vesícula.

El desconcierto, la vulnerabilidad y la total impotencia que sentían nuestros ascendientes ante los misteriosos males que les aquejaban explican su convicción de que estos infortunios eran causados por la ira divina o por espíritus malignos. Me imagino que los curanderos prehistóricos, además de poseer una profunda vocación, necesitaban una gran dosis de valentía. Pues si su exorcismo no era lo suficientemente efectivo como para contrarrestar el enojo divino o la saña diabólica, no solo era el enfermo el que sufría las consecuencias, sino que ellos también pagaban caro su fracaso.

Todavía perdura la pintura de un matasanos de aspecto solemne en las paredes rocosas de la cueva de Trois Frères, en un pueblo de los Pirineos franceses, que tiene por lo menos diecisiete mil años. Vestido formalmente para el acto médico, lleva puesta una máscara grotesca de ciervo de la que brota una enorme cornamenta. No está claro si el objetivo de esta indumentaria era impresionar al doliente o protegerse de la ira de sus verdugos sobrenaturales. De todas formas, a pesar de los riesgos que acompañaban en aquel entonces a la profesión médica, nunca faltaron hombres y mujeres dispuestos a ejercerla.

Hace unos dos mil quinientos años, el insigne médico griego Hipócrates de Cos, para muchos el padre de la medicina, inculcó en la profesión una buena dosis de arte, lógica y moral, y elaboró un código de ética que todavía es aceptado con orgullo por muchos profesionales. Hipócrates formuló los primeros diagnósticos basados en la observación metódica del enfermo, aconsejaba a sus pacientes el aire fresco, la comida sana y el descanso en cama limpia. Siete siglos más tarde, otro sabio griego, Galeno de Pérgamo, se convirtió en el médico más importante del imperio romano. Galeno aprendió sobre el cuerpo humano curando a gladiadores heridos. Este genio, al parecer de carácter engreído y muy intolerante con sus críticos, elevó el conocimiento médico al nivel de ciencia, incluyendo la fisiología o el estudio del funcionamiento de los órganos en la formación del médico, demostrando, entre otras cosas, que las arterias llevaban sangre y no aire, y describiendo con detalle varias partes del cerebro.

A pesar del progreso en el conocimiento del cuerpo, las enfermedades continuaron durante siglos robando cruelmente la vida a cientos de millones de víctimas indefensas. Recordemos que hasta finales del siglo XVIII se sabía muy poco sobre sus causas y aún menos sobre cómo prevenirlas o curarlas. Además, los densos poblados urbanos se convertían fácilmente en carne de cañón. Desconocedores del origen de las infecciones, estos colectivos humanos convivían con sus animales, entre estiércol y aguas fétidas anegadas de voraces insectos y roedores que propagaban epidemias mortales. Hubo que esperar hasta 1674 para que el holandés autodidacta Anton Van Leeuwenhoek, usando un microscopio que él mismo había fabricado, observase «pequeños animalillos» en una gota de agua de un canal cercano que, pensó, podían ser causantes y transmisores de enfermedades.

Un siglo y pico más tarde el médico rural inglés Edward Jenner descubrió que se podía prevenir la viruela inoculando a las personas con los propios organismos que vivían en las pústulas producidas por esta infección en las vacas. Este avance también abrió las puertas del conocimiento del sistema inmunológico humano, encargado de hacer frente y destruir los gérmenes y sustancias extrañas que nos invaden. Unos setenta años después, el químico francés Louis Pasteur formuló la histórica teoría de que los microbios causaban y difundían las infecciones. Pasteur también descubrió una vacuna que evitaba que las personas mordidas por perros enloquecidos contrajeran la rabia. El remedio más eficaz contra las bacterias lo encontraría un tímido microbiólogo escocés de cuarenta y siete años llamado Alexander Fleming, una mañana de 1928, cuando al llegar a su laboratorio notó algo de moho en un plato de cristal en el que cultivaba estafilococos. Fleming descubrió que el moho contenía una sustancia de poderes casi milagrosos, que destruía a estas temibles bacterias, a la que llamó penicilina.

En los años treinta la ciencia de la medicina entró en la edad de los grandes logros. Entre 1930 y 1970 se descubrieron las sulfamidas, los antibióticos, la cortisona y una colección impresionante de medicamentos y de vacunas. Otra gran contribución de la farmacología médica fue el hallazgo accidental en la década de los cuarenta de la clorpromazina y otros medicamentos eficaces en el control de los síntomas más incapacitadores de trastornos mentales como la esquizofrenia y la depresión.

Todos estos descubrimientos hicieron posible prevenir, diagnosticar y curar muchas dolencias hasta entonces mortales. Con el tiempo, los adelantos de la cirugía combinados con los avances en la inmunología permitieron vivir a miles de personas cuyos órganos vitales habían fracasado, gracias a los trasplantes. El perfeccionamiento de la tecnología de rayos X y la aparición de la imagen digital posibilitaron la observación clara del cuerpo en funcionamiento. Cada día más enfermedades se diagnostican precozmente y más «averías» corporales se corrigen con técnicas quirúrgicas eficaces, o mediante fármacos que doman las hormonas más malévolas.

En los últimos años la medicina ha cruzado la frontera de su misión tradicional de erradicar enfermedades y utiliza los nuevos conocimientos para ayudarnos a disfrutar de nuestro paso por el mundo y a hacer más llevadera nuestra ineludible caducidad.

El primer fruto de esta nueva medicina de la calidad de vida fue la píldora anticonceptiva. Aunque desde la antigüedad y en todas las culturas se han practicado procedimientos, más o menos eficaces, peligrosos o moralmente aceptables, para controlar la natalidad, la píldora fue el primer método válido, seguro y popular desarrollado por la medicina moderna. No creo que ningún avance de la ciencia haya contribuido tanto a la liberación y bienestar del sexo femenino como este hallazgo que permitió a la mujer controlar fácilmente su fecundidad y aliviarla del enorme peso de la procreación.

Como sucedió con tantos otros descubrimientos considerados socialmente significativos, la primera reacción fue cuestionar la moralidad del efecto de la píldora, lo que rodeó su investigación de amargas controversias. El proyecto se llevó a cabo gracias a la generosa ayuda económica y al inagotable entusiasmo de Katherine Dexter McCormick. Esta ingeniera, poseedora de gran fortuna, no solo albergaba la convicción de que «el derecho de la mujer al control reproductivo era tan importante como el derecho al voto», sino que pensaba que la solución del problema estaba en manos de la ciencia. El resultado no se hizo esperar. En 1955, Gregory Pincus y sus colaboradores elaboraron una hormona que inhibía la ovulación en animales. El uso de la píldora Enovid como producto anticonceptivo fue aprobado finalmente en mayo de 1960. Quince años más tarde, la tercera parte de las mujeres estadounidenses entre quince y cuarenta y cuatro años, casadas y solteras, y de todas las religiones, la usaban con regularidad. Hoy, aproximadamente el 70 por 100 de las mujeres europeas que utilizan anticonceptivos usan la píldora, aunque en España su uso es algo más bajo.

Es irónico observar que la historia de la píldora esté tan ligada a otro avance de la medicina que trata justamente de conseguir el beneficio opuesto: producir la fecundación y el embarazo en mujeres estériles. En los años cincuenta, el ginecólogo John Rock, futuro colaborador de Pincus, inducía el embarazo en un 15 por 100 de mujeres infértiles con un tratamiento de estrógenos y progesterona que estimulaba la ovulación.

Aunque la sociedad moderna no valora la fecundidad como antiguamente, cuando la supervivencia de la especie dependía literalmente de ella, la maternidad sigue siendo para muchas mujeres una fuente primordial de felicidad. Las parejas que anhelan tener hijos y se enfrentan a un problema de fertilidad se sienten frustradas, deprimidas, fracasadas, traicionadas por su cuerpo y engañadas por la naturaleza. Hoy, gracias a hormonas y técnicas de inseminación artificial, muchas parejas estériles traen a este mundo hijos sanos y hermosos. También abundan los casos de madres posmenopáusicas en las que se implantó un embrión creado con espermatozoides del compañero y el óvulo de una joven donante. Sin ir más lejos, en 1997, siguiendo este procedimiento, una mujer de sesenta y tres años dio a luz una hermosa niña de más de tres kilos en la ciudad estadounidense de Los Ángeles. Esta madre batió la marca de mayor edad de nuestros tiempos, pues la Biblia nos cuenta que Sara, la esposa de Abraham, con noventa años dio a luz a Isaac. «Dios me ha dado algo de qué alegrarme. Y todo el que se entere se regocijará conmigo», exclamó Sara exultante al nacer su hijo. No obstante, hoy día hay personas, incluso representantes de la Iglesia, que no se regocijan ante la figura de una madre que parece abuela. Consideran que estos embarazos son antinaturales, un reflejo del uso perverso de la tecnología «claramente contrario al plan de Dios».

Otra contribución de la medicina del bienestar es la cirugía estética. Aparte de las polémicas que a menudo desencadena el incentivo económico de la industria de la belleza, la realidad es que el interés por recurrir al bisturí para disimular los efectos secundarios naturales del envejecimiento o para acercarnos a la imagen de hermosura corporal que idealiza la sociedad y mejorar el nivel de autoestima es cada día más popular. En Estados Unidos, por ejemplo, según los datos de la Sociedad Americana de Cirujanos Plásticos, en el año 1998, 1.045.815 personas se sometieron a intervenciones quirúrgicas cosméticas, un 50 por 100 más que en 1996. Los procedimientos más buscados, por orden de popularidad, incluyen liposucción, aumento de pechos femeninos, cirugía de párpados, estiramiento de cara y reconfiguración de la nariz.

El progreso de la medicina se ha acelerado hasta el punto de que hoy cualquiera que encuentre un médico comprensivo dispuesto a recetar puede salir de la farmacia con un paquete de cremas y grageas portentosas que prometen borrar las arrugas de la cara, estimular una visión optimista del mundo, inducir el sueño a los desvelados, eliminar la timidez o devolver a los calvos el cabello.

En el mes de marzo de 1998 los magos de la farmacología volvieron a pasar a la historia con la salida al mercado de unas pequeñas tabletas azules, compuestas de sildenafilo y conocidas por Viagra. Estas pastillas restauran el vigor sexual en muchos hombres impotentes que se han rendido a la edad, al estrés, a las preocupaciones, o cuya potencia genital ha sido apagada por la diabetes, la hipertensión y otras dolencias físicas o psicológicas. La popularidad de la Viagra se extendió de tal forma que dos años después de ponerse a la venta los médicos extendían doscientas mil recetas a la semana y diecisiete millones de estadounidenses recurrían a este remedio. En sus dos primeros meses de comercialización en España, unos cuarenta mil españoles consumieron aproximadamente noventa mil cajas de este medicamento, lo que supuso un gasto de más de seiscientos millones de pesetas.

Los fármacos, cremas y parches de prostaglandina, testosterona y demás hormonas que se están probando experimentalmente en hombres y mujeres suelen hacer tangible su efecto excitante si la persona ya siente deseo sexual. Es decir, no disminuye la importancia del papel que juega la pareja. Junto a la píldora anticonceptiva, estos productos que facilitan el placer sexual forman parte de un cambio cultural que permite a millones de hombres y mujeres liberarse de ataduras puritanas y experimentar el sexo sin temor. Bastantes sectores moralistas condenaron en su tiempo esta especie de revolución argumentando que socavaba los valores tradicionales y desataba epidemias de embarazadas inmaduras y de enfermedades venéreas. Pero la realidad es que el impacto principal de estos inventos ha sido fomentar la convicción de que hacer el amor no es un imperativo bíblico con el único objetivo moral de la procreación. Por el contrario, constituye un ingrediente placentero, saludable y vitalista de las relaciones de pareja, algo que está ahí para ser disfrutado.

Un peligro de esta nueva medicina del bienestar es que puede fomentar, en algunas personas, una visión simplista y engañosa de la naturaleza humana. Por ejemplo, la persecución compulsiva de la eterna juventud alimenta ilusiones inalcanzables que minan las posibilidades de aceptarnos tal y como somos. El hambre insaciable de perfección física se puede convertir en un poderoso sedante sociopolítico, un lastre que paraliza e inhabilita a muchos hombres y mujeres. A pesar de estos posibles efectos secundarios, me sigue pareciendo admirable el objetivo principal de la medicina de la calidad de vida: facilitarnos la búsqueda de la felicidad y las oportunidades para encontrarla. ¿Podemos pedir más?

En los últimos años la medicina también se ha empezado a preocupar por hacer más llevadero el trance de la muerte. Dada la extraordinaria tecnología médica que existe para prolongar artificialmente la vida biológica, uno de los mayores retos de la medicina moderna es la agonía interminable que producen muchas de las enfermedades crónicas e incurables de nuestro tiempo. Para sus víctimas, la supervivencia a menudo se torna en amargura, vivir se vuelve intolerable y el horror a morir se transforma en deseo de fallecer.

Hace tres décadas, la psiquiatra estadounidense Elisabeth Kübler-Ross publicó *Sobre la muerte y los moribundos,* un libro entrañable y magistral sobre el sufrimiento, la lucha interna, el terror y la soledad que afligen a los enfermos terminales. En esta obra, que todavía no ha dejado de reimprimirse, la admirada doctora de origen suizo demostró que, en su empeño por protegerse de los sentimientos de frustración y de impotencia, o del propio miedo a morir, casi todos los médicos y personal hospitalario se distanciaban de sus pacientes moribundos que precisaban apoyo o consuelo. Kübler-Ross humanizó el implacable final de la vida y exhortó a los médicos a no abandonar a sus pacientes incurables en los últimos momentos y a proporcionarles cuidados paliativos que mitigaran su angustia y sufrimiento.

La situación de hombres y mujeres en el lecho de la muerte está mejorando gracias a la mayor sensibilidad de la medicina. Cada día, las facultades de medicina y los hospitales dedican más tiempo a instruir a los profesionales sobre los aspectos psicológicos y sociales del final de la vida. Pues con frecuencia el enemigo del desahuciado no es la muerte, ni siquiera la enfermedad. Como ilustró lúcidamente León Tolstoi en su novela *La muerte de Iván Ilich,* el adversario más aterrador de muchos moribundos es el sentimiento de soledad que produce el disimulo, el silencio y el abandono de los demás.

La opción de morir voluntariamente y la consideración de la muerte asistida por el médico o la eutanasia, como alternativas de una vida insufrible, han pasado del mundo del tabú a la luz pública, y están siendo debatidas intensa y abiertamente en muchos países. Precisamente, las actividades del médico estadounidense Jack Kevorkian, partidario de la eutanasia, han tenido un profundo impacto. En abril de 1999, Kevorkian fue procesado y condenado a prisión por un tribunal del estado de Michigan, después de confesar que había ayudado a morir a ciento treinta enfermos incurables, y de que algunas de sus intervenciones se televisaran en todo el mundo. Aunque muchas personas no aprueban las tácticas espectaculares y provocadoras de Kevorkian, sí consideran que ayudar a morir a los pacientes incurables que sufren y piden ayuda es un acto compasivo y moral. El escritor Mario Vargas Llosa expresó este sentimiento a los pocos días de conocerse la sentencia: «Para esos ciento treinta desdichados que, violando la ley, ayudó a morir, el doctor Jack Kevorkian no fue el ángel de la muerte, sino el de la compasión y la paz».

En el mes de octubre de 1997 se legalizó en el estado de Oregón (Estados Unidos) el suicidio asistido por un médico para facilitar la muerte sin dolor y con dignidad. En los dos años siguientes los médicos recetaron a cincuenta y seis personas dosis letales de medicinas. La edad media de estos pacientes era de setenta años y la mayoría padecía de cáncer o de dolencias degenerativas del sistema nervioso. Las razones para pedir ayuda con el suicidio, por orden de frecuencia, incluyeron la pérdida de autonomía, la falta de control sobre las funciones del cuerpo, la incapacidad para participar en actividades que hacen la vida placentera, y el deseo de decidir sobre la forma de morir. Estos datos son muy parecidos a los registrados en Holanda, donde desde 1987 los médicos pueden practicar la eutanasia bajo ciertas condiciones y métodos estrictos.

Aunque la idea de morir bien es extraña para mucha gente, cada día más enfermos terminales y sus seres queridos, con ayuda de cuidados médicos y psicológicos paliativos, logran transformar el acto final en una oportunidad para expresar amor, para curar viejas heridas y para descubrir en ellos mismos nuevas fuerzas y virtudes. Para estas personas la última despedida se convierte en una experiencia tan íntima, tan entrañable y tan valiosa como el mismo milagro del nacimiento.

Me imagino que en un futuro próximo el mapa genético humano o genoma nos ayudará a identificar los ingredientes hereditarios responsables de que unas personas sufran de enfermedades devastadoras y otras no. Armados con esta información, los genetistas podrán prevenir muchas de las dolencias físicas y mentales que hoy suponen un terrible sufrimiento para los afligidos y para sus seres queridos. Las técnicas de clonación o de reproducción de órganos en el laboratorio, el uso de las células madre pluripotenciales y la capacidad de estimular la regeneración de neuronas harán posibles la reconstrucción de partes vitales del cuerpo dañadas y la curación de las enfermedades más recalcitrantes.

Aunque este progreso casi inimaginable hasta hace poco renueva en algunos el sueño legendario de inmortalidad, la realidad es que la muerte es un ingrediente inseparable del tejido de nuestro ser. La existencia inagotable no tiene sentido biológico. Todos los organismos vivientes eligen genes que prefieren una vida gratificante y prolífica a una vida interminable. Por eso, más que la persecución de la inalcanzable inmortalidad, las metas más prácticas y razonables de la medicina son la mejora de la calidad de vida, la prevención de las muertes prematuras y la garantía de un final dulce, entrañable y digno.

Aquí termino el breve repaso de ciertos sucesos y personajes de nuestra historia que prometí hacer como preámbulo de mi discurso sobre la felicidad. Mi conclusión es que desde que amaneció la civilización se han multiplicado las posibilidades de la humanidad de encontrar la felicidad. Cada día que pasa más habitantes de la Tierra se libran de las agresiones de la naturaleza, del hambre, de las epidemias, de la ignorancia, de los abusos de autoridad y de la esclavitud en todas sus facetas. Tampoco transcurren muchos días sin que se descubran nuevos instrumentos para mejorar nuestra calidad de vida.

Es obvio que la historia de los pueblos ha seguido derroteros muy distintos y avanzado a ritmos desiguales, en función de sus propiedades geográficas, riquezas naturales, fuerzas sociales y del carácter de sus habitantes. Pero no es menos evidente que desde que esto que llamamos vida invadió nuestro planeta la humanidad en general se ha visto inmersa en un proceso irreprimible de desarrollo. Incluso antes de que los hechiceros prehistóricos alentaran con palabras seductoras a sus seguidores cavernícolas a evitar los malos hábitos y a practicar las virtudes de la dicha, todo lo relacionado con nuestra especie ya estaba evolucionando para mejor, y millones de «ángeles anónimos» luchaban sin descanso por mejorar el bienestar de todos. Independientemente de los enigmas que se esclarezcan y de la calidad de vida que alcancemos, estoy seguro de que siempre contaremos con hombres y mujeres dispuestos a aventurarse más allá de los confines del saber del momento con el propósito de dilucidar los secretos de nuestra naturaleza y de explorar los límites del universo, para así facilitarnos una vida más feliz.

A medida que el género humano avanza y nuestro bienestar aumenta, se hace también más evidente que lo mismo que la espiritualidad que ignora la ciencia se encierra en un mundo limitado e inverosímil y se niega el beneficio de abrirse a nuevas explicaciones, la ciencia que elude la espiritualidad se roba a sí misma la apertura a entendimientos más creativos y profundos.

La clave para entender la continua innovación de la humanidad está en el triunfo de la fuerza innata, vital, solidaria y creadora de la multimilenaria herencia humana. Esta fuerza indestructible, que nos impulsa a perseguir sin descanso la dicha propia y la de nuestros semejantes, no solamente estimula nuestro instinto de conocer y descubrir, sino que también nutre nuestros principios éticos y nos predispone a la bondad y al altruismo. Esto explica el hecho de que cada día encontremos más hombres y mujeres con el corazón abierto a la idea de que, quizá, los mandatos moralizadores legendarios que nos han guiado, como el Decálogo o el Contrato Social, y los castigos divinos que nos han amedrentado, como la expulsión del Edén o el Diluvio Universal, no sean literalmente ciertos. No tanto porque tal vez nunca ocurrieron, sino porque nunca fueron necesarios.

SEGUNDA PARTE

5
SIGNIFICADOS DE LA FELICIDAD

«—Cuando yo empleo una palabra,
declaró Tentetieso en tono desdeñoso, significa
lo que yo quiero que signifique, ¡ni más ni menos!
—La cuestión está en saber, objetó Alicia,
si usted puede conseguir que las palabras
signifiquen tantas cosas diferentes.
—La cuestión está en saber, insistió Tentetieso,
quién manda aquí, ¡si las palabras o yo!»

LEWIS CARROLL,
A través del espejo y lo que Alicia encontró allí, 1871

El significado de la felicidad ha sido objeto de apasionada atención y animada controversia en todas las sociedades de nuestra historia. En sus variadas formas, la felicidad es el tema proverbial de la literatura, de la filosofía y de las bellas artes. Las recetas para alcanzarla en este mundo o en el más allá constituyen el principal atractivo de las grandes religiones. Incluso las ideologías políticas con frecuencia reivindican una sociedad ideal, capaz de garantizar a todos sus miembros el derecho al bienestar. Por ejemplo, el 4 de julio de 1776 los líderes de la rebelión de las trece colonias inglesas en el continente americano se declararon independientes con estas palabras: «Mantenemos que hay verdades intrínsecamente evidentes: todos los hombres son creados iguales y están dotados por su Creador de ciertos derechos inalienables. Entre estos derechos están la vida, la libertad y la búsqueda de la felicidad». El histórico documento afirma que el pueblo tiene el derecho a oponerse por la fuerza a cualquier forma de gobierno que vaya en contra de estas verdades, y de instaurar uno nuevo que se apoye en los principios y poderes que mejor aseguren «su seguridad y su felicidad».

Mientras economistas y sociólogos analizan periódicamente el nivel de calidad de vida de los pueblos, la preocupación prioritaria de psicólogos, psiquiatras y médicos es estudiar las causas y los remedios de la infelicidad, la enfermedad y la invalidez. Solo en los últimos veinte años estos profesionales han traspasado la frontera de la patología y del dolor físico y emocional para tratar de entender en profundidad el sentido subjetivo del placer, de la satisfacción y de la alegría de las personas.

Resulta irónico observar cómo surgió la reciente fascinación de los científicos y expertos en salud pública por descifrar la naturaleza de la dicha, su programación en los genes o su fisiología cerebral. Este inusitado interés brotó de la necesidad de comprender mejor los estados de ánimo que arrastran a hombres y mujeres a perseguir compulsivamente sensaciones placenteras a través de comportamientos autodestructivos. Ejemplos de estas tendencias incluyen las relaciones sexuales furtivas con posibles portadores del virus del sida o el uso de drogas por vía intravenosa con jeringuillas contaminadas. Ambas conductas están relacionadas con devastadoras infecciones y muertes prematuras que causan enormes sufrimientos a los afectados y a sus seres queridos.

Como bien explicaba hace pocos años el neurobiólogo de la Universidad Complutense de Madrid Francisco Mora, el cerebro humano es un órgano enormemente complejo, compuesto por redes de billones de células o neuronas conectadas entre sí que procesan constantemente información. Por ello, sentimientos tan complicados como la felicidad no pueden reducirse a una reacción química concreta o localizarse en una parte determinada del cerebro. No obstante, los experimentos publicados en los últimos años por Eliot Gardner, Richard Lane, Steven Pinker, Pam Belluck y otros neurólogos, psiquiatras y especialistas del cerebro humano identifican el tálamo y la zona prefrontal izquierda. Al parecer, estas áreas tienen más actividad en las personas que se consideran contentas y optimistas que en aquellas con caracteres depresivos o abúlicos. En décadas recientes, también se han reconocido sustancias como la dopamina, la serotonina, la feniletilamina y otras hormonas llamadas endorfinas que estimulan ciertos neurotransmisores cerebrales e inducen emociones agradables.

Cada día se acumulan más datos que respaldan la teoría de que la felicidad de los seres humanos responde a un mecanismo esencialmente bioquímico que se activa en el cerebro por causas diversas y se exterioriza de múltiples maneras. Las personas que gozan de esta sensación placentera de dicha la interpretan con significados tan personales como diferentes.

Un desafío que se plantea al estudiar el significado de la felicidad es la amplia gama de interpretaciones que tiene esta palabra en el lenguaje común. El filósofo Julián Marías comienza su libro *La felicidad humana* examinando las palabras que connotan felicidad en castellano, como dicha, ventura o fortuna. Marías advierte que los términos negativos que nombran la realidad contraria, como in-felicidad, des-dicha, des-ventura o mala fortuna, están construidos sobre palabras que expresan emociones positivas. Para él, esto supone «un primer tanto a favor de la felicidad». Sin embargo, como tantos intelectuales, Marías no tarda en insinuar su pesimismo. Después de considerar a la felicidad una «extraña realidad, buscada y rara vez hallada», explica que «para el hombre es un imposible necesario: no podemos renunciar a ella, pero, por lo menos en la Tierra, es imposible». Marías, que se muestra en contra de esclarecer el significado de la felicidad «haciendo observaciones, encuestas, estadísticas o experimentos de laboratorio», concluye su tratado comentando que «nuestra vida consiste en el esfuerzo por lograr parcelas, islas de felicidad, anticipaciones de la felicidad plena. Y este intento de buscar la felicidad se nutre de ilusión, la cual, a su vez, es ya una forma de felicidad».

Otro reto es el desbarajuste semántico que suelen crear los acalorados debates que a menudo desencadenan los intentos académicos de definir el concepto de la dicha humana. Libertad, sabiduría, creatividad, belleza, salud mental o gracia divina son sinónimos de felicidad para muchas personas, si bien no son menos las que eligen cualidades humanistas como el amor, la amistad, la autoaceptación, la solidaridad, el hacer felices a los demás, el altruismo o la justicia social a la hora de calificar la alegría de vivir.

Hace un siglo y medio, el intelectual y genio revolucionario alemán Karl Marx, junto con su amigo y colaborador Friedrich Engels, identificaron el sistema capitalista que permitía a la clase burguesa o dueña de los medios de producción oprimir y explotar a la clase trabajadora o proletaria como el enemigo número uno de la felicidad, el obstáculo principal que se interponía en la satisfacción de las necesidades tanto físicas como intelectuales y artísticas de los seres humanos. Hoy, el índice de bienestar social en los países desarrollados, que en su mayoría han experimentado un gran crecimiento económico en los últimos años, no se mide tanto por la diferencia de clases o la desigualdad económica. Los científicos sociales consideran más importantes otros valores como la autonomía personal, el nivel de formación o escolarización, la estabilidad familiar, la salud, la tasa de empleo, la percepción de la seguridad pública, el tiempo disponible para actividades de recreo o la calidad del medio ambiente.

El filósofo Fernando Savater, en su obra *El contenido de la felicidad,* apunta: «La felicidad como anhelo es así, radicalmente, un proyecto de inconformismo...». Un párrafo más tarde, Savater añade: «Decir "quiero ser feliz" es una ingenuidad o una cursilería, salvo cuando se trata de un desafío, de una declaración de independencia, de una forma de proclamar: Al cabo, nada os debo». Según este prolífico ensayista, «es más fácil prescindir de la felicidad futura que de la pasada», ya que «todos somos optimistas, no por creer que vayamos a ser felices, sino por creer que lo hemos sido», por lo que «la felicidad es una de las formas de la memoria». Y cuando el profesor de Ética se plantea al final de su ensayo las virtudes por las que merece la pena vivir, elige tres. En primer lugar, la expresión artística, sobre todo las obras filosóficas. Seguidamente menciona la cordialidad, en la que engloba la ternura «sin ñoñeces», el sentido del humor, saber estar en cada ambiente y la lealtad. Y en tercer lugar, Savater nombra el coraje, lo que para él «es todo o, por lo menos, la sazón de todo».

Otro escritor y periodista, Vicente Verdú, nos alertaba en una sugestiva columna del diario *El País* de que la felicidad estaba reñida con la perfección, pues «las ansias de perfección desencadenan un íntimo infierno permanente». Por el contrario, «la imperfección acoge al ser humano, convalida, descarga su vida y es una señal de libertad». Verdú culminaba su artículo afirmando que, dado que solo la muerte es perfecta, «nuestra mayor felicidad radicaría, precisamente, en lograr evitarla». Verdú no es el único que piensa que el verdadero significado de la dicha es la inmortalidad. Existe un grupo bastante numeroso de pensadores, de hoy y de ayer, para quienes la felicidad es la vida eterna, por lo que ser felices solo es posible para los ignorantes o inconscientes que «no saben realmente de lo que va la vida», y para los santos o bienaventurados que viven persuadidos de su alma inmortal.

Incontables analistas de la mente humana derrochan energías en examinar, distinguir y catalogar minuciosamente la lista de términos relacionados con la felicidad, como alegría, satisfacción, contentamiento, bienestar y placer. Su extensa labor ha contribuido a definir estas emociones positivas a través de múltiples conceptos, desde los más simples, inteligibles y populares a los más complejos, abstractos y sublimes, que a pocas personas se les ocurrirían espontáneamente. Hace más de dos mil trescientos años, Aristóteles de Estagira señaló con claridad este dilema en el segundo capítulo del libro primero de su obra *Moral, a Nicómaco*. Después de afirmar que la felicidad es el bien supremo de la humanidad, Aristóteles advierte: «Vivir bien y obrar bien es sinónimo de ser dichoso, pero lo que divide las opiniones es el tema de la naturaleza y la esencia de la felicidad, y en este punto el vulgo está muy lejos de estar de acuerdo con los sabios. Unos la colocan en las cosas visibles y que saltan a los ojos, como el placer, la riqueza o los honores; mientras que otros la colocan en otra parte. Añadid a esto que la opinión de un mismo individuo varía muchas veces sobre este punto; si está enfermo, cree que la felicidad es la salud; si es pobre, que es la riqueza; y cuando uno tiene conciencia de su ignorancia, se limita a admirar a los que hablan de la felicidad en términos pomposos...».

Para los grandes pensadores de la antigua Grecia, los placeres de la vida pertenecían más a la mente que al cuerpo. La dicha consistía en la reflexión tranquila e inteligente, en la serenidad culta que se mantenía por encima de los vaivenes de las pasiones mundanas y en saber distinguir lo que está bien de lo que está mal, qué temer y qué no temer. El refrán más popular entre los filósofos era que no había locos felices ni sabios que no lo fueran.

Tampoco han faltado moralistas estrictos que creen que la felicidad acarrea consecuencias negativas. Según estos antihedonistas, uno de los posibles efectos nocivos de la dicha es que convierte a las personas en una especie de vacas contentas y resignadas sin incentivo para progresar o buscar una vida mejor. El bienestar, sugieren, anula la curiosidad y la creatividad, debilita los lazos sociales, promueve el individualismo egoísta y nos hace caer en las redes de la manipulación política. La realidad, sin embargo, es que estas ideas no pasan de ser cavilaciones extravagantes sin ninguna base científica.

Incluso hombres y mujeres sin un especial interés en la filosofía, al plantearse el significado de la felicidad, no solo escudriñan su mundo interior más profundo, sino que escapan de sí mismos y exploran rincones ocultos de la existencia, o hasta inventan lejanos paraísos sobrenaturales. A quienes exageran el papel del misterioso mundo anímico, o envuelven su concepto de felicidad de una capa incorpórea o metafísica —tan vaga e indescriptible para ellos como etérea e incomprensible para los demás—, el matemático y filósofo inglés Bertrand Russell les plantea el siguiente reto: «Cualquiera que opine que la felicidad proviene exclusivamente de nuestro mundo interior, que pruebe pasarse treinta y seis horas en una tempestad de nieve con solo cuatro harapos y sin comida».

Y es que, aparte de sus implicaciones anímicas, de su riqueza semántica y de sus aspectos filosóficos, el sentido de felicidad de la mayoría incluye, como condición previa, la satisfacción de las necesidades elementales: el sustento diario, un mínimo grado de bienestar físico y emocional, y un lugar seguro donde habitar y protegerse de los elementos. Precisamente, Jean-Jacques Rousseau nos brindó esta sucinta definición: «La felicidad: Una buena cuenta en el banco, un buen cocinero y una buena digestión». Otras descripciones bastante populares incorporan requisitos como el equilibrio entre aspiraciones y oportunidades, la salud, un cierto nivel de inteligencia, una buena dosis de autoestima y la relación afectiva con otras personas. También he conocido hombres que engloban en su definición de la felicidad el poder económico y social, y mujeres que supeditan la dicha a la posesión del modelo de belleza física juvenil, delgada y erótica que les imponen los idealizados cánones de la industria de la moda. De hecho, no es difícil encontrar abundantes ejemplos del elevado precio que hombres ansiosos de autoridad y mujeres hambrientas de hermosura están dispuestos a pagar por conseguir estas metas.

En la elaboración de nuestro particular sentido de la felicidad influyen experiencias de la vida que nos marcan, ilusiones y miedos que alimentamos, los recursos a nuestro alcance, nuestra salud física y mental, el estado de las relaciones con los demás, la personalidad, el equipaje genético, el temperamento, la constitución física o el grado de vitalidad que traemos al mundo. La diversidad de significados de la dicha obedece además a que, a menudo, la propia definición depende de las circunstancias y del punto de vista o del lugar y momento en que nos encontremos. Nuestra idea de la dicha está igualmente condicionada por la época de la historia en que vivimos, las normas sociales, las creencias religiosas, los mensajes de los medios de comunicación, las opiniones de nuestros compañeros de vida, nuestra escala de valores y el sentido que le damos a la existencia.

Hay personas que definen la dicha como una emoción que les invade súbitamente a través de los sentidos estimulados por una imagen de belleza inesperada, una obra de arte, una melodía que llega de forma especial, una idea creativa, un logro muy deseado o un sentimiento repentino de amor hacia algún semejante. Muchos momentos felices que nos proporciona la vida provienen sencillamente del pan que comemos cuando tenemos hambre, del fuego que nos calienta cuando tenemos frío, del sueño que nos restaura cuando estamos cansados, o de esa palabra de aceptación que nos anima en un instante de vulnerabilidad. Los contrastes definen muchos de nuestros placeres. Los dolores de hambre convierten la comida más corriente en un manjar delicioso, y la separación temporal de un ser querido hace el reencuentro más dulce. No hay nada más que darse una vuelta por un hospital para escuchar de boca de los pacientes listas de bendiciones que hasta ese momento no habían considerado como tales: dormir de lado, respirar sin apuros, masticar comida, tragar, evacuar o simplemente rascarse a gusto.

He visto gente que se realiza *haciendo* y gente que se gratifica *explicando*. No pocas personas disfrutan cuando hablan, aunque parece haber más que gozan cuando son escuchadas con interés y comprendidas. Hay hedonistas que celebran el placer como el fin supremo de su existencia y ascetas que experimentan la dicha a través de privaciones y del ejercicio de la perfección espiritual. Bastantes miden la felicidad a largo plazo, definen su satisfacción de acuerdo a la regularidad de su estado de ánimo y según el propósito final que asignan a su paso por el mundo. Algunos ilustran su dicha con ejemplos de contemplación anacoreta, prefieren una vida pacífica y reposada. También hay individuos que son como gatos solitarios que se contentan, por ejemplo, con tomar tranquilamente el sol. Pero a medida que la vida se alarga, las opciones a nuestro alcance se multiplican y nuestra capacidad mental se dilata, el concepto de goce suele incluir la participación activa en tareas con una finalidad que requieren una buena dosis de motivación, de aptitud, de concentración y de esfuerzo.

El significado de la felicidad cambia, además, en la misma persona con el paso del tiempo. La idea de la dicha que adopta hoy una mujer de ochenta años de edad no es probablemente la misma que defendía cuando tenía cuarenta y cinco años, o veinte, o doce, ni la que escenificaba en sus juegos de muñecas cuando era una niña de siete años. La alegría de los niños es muy espontánea y casi siempre depende de la situación que viven en el momento: «soy feliz porque estoy jugando con mis amigos» o «me siento contento porque estoy de vacaciones y no tengo que ir al colegio», son argumentos que se oyen con frecuencia. Refiriéndose a los niños, Charles Darwin cuenta en su obra *La expresión de las emociones en el hombre y los animales:* «Un día pregunté a un pequeño de unos cuatro años qué significaba ser feliz, y me respondió: "hablar, reírse y dar besos". Pienso que sería difícil ofrecer una definición más práctica y verdadera de la dicha».

Los adolescentes que describen su felicidad suelen tener en cuenta aspectos de su identidad física e intelectual, su papel social y las relaciones dentro de su grupo, la independencia de los progenitores, ciertos valores idealistas y situaciones físicas o emocionales excitantes. Un joven me explicaba hace poco que para poder describirme su sentido de satisfacción con la vida necesitaba antes descubrir tres cosas: su talento, su trabajo y su compañera.

En la edad adulta tienden a desempeñar un papel preferente las actividades creativas, el trabajo con significado, el bienestar económico, y especialmente las uniones íntimas de pareja y las relaciones dentro del seno de la propia familia. Muchos adultos también relacionan la dicha con una cierta espiritualidad, con los momentos entrañables que pasan acompañados de personas queridas, con actividades de ocio, o con el logro de objetivos ambicionados por los que han luchado. Las hazañas y aventuras apasionantes forman parte de algunas definiciones, sobre todo entre los varones. Esto me hace recordar el comentario que hizo el doctor suizo Bertrand Piccard una mañana de marzo de 1999. Después de completar en veinte días la primera vuelta al mundo en globo sin escalas, al cruzar la meta a once mil metros de altura sobre Mauritania, el campeón exclamó con euforia: «¡Estoy con los ángeles y totalmente feliz!».

Con el paso de los años el futuro pierde trascendencia y el presente y el pasado se revalorizan. Las personas mayores aprecian especialmente la salud física y la seguridad económica, y también valoran la esperanza que les ofrecen las creencias religiosas. Muchas incorporan a su idea de bienestar las relaciones familiares intergeneracionales, las actividades sociales y la capacidad de sentir y compartir ese yo auténtico y ecuánime que solo surge con los años. Las etapas posteriores del ciclo de la vida se caracterizan también por la sabiduría, una sabiduría gratificante que incluye la tolerancia, la coherencia, el interés por los demás, la capacidad de distinguir lo importante de lo que no lo es, y una actitud realista y despegada hacia la inevitabilidad de la muerte.

Da la impresión de que cada día hay más hombres y mujeres que prefieren mantener su idea de la dicha como algo personal o privado. Al contrario de lo que ocurre con los infortunios y las calamidades, tanto propias como ajenas, que son temas de conversación muy populares, la felicidad es un asunto del que no se suele hablar, sobre todo cuando las personas se sienten realmente contentas. Quizá por eso hay tanta gente feliz que pasa desapercibida. Unos esconden su dicha para no sentir remordimiento ante los desventurados o para no despertar envidia, y otros se la callan por miedo a romper el buen conjuro y atraer la mala suerte. También hay personas que piensan que la felicidad no se alcanza definiéndola, ni estudiándola, ni buscándola. Tienen la sensación de que cuanto más se olvidan de ella, más se les acerca, mientras que cuanto más se preocupan por encontrarla, más se aleja.

Aunque siempre me han llamado la atención las personas felices que dejan de serlo temporalmente durante esos momentos en los que tratan de esclarecer lo que significa para ellas la felicidad, no creo que pueda cumplir con el propósito de este discurso sin arriesgarme a compartir mi opinión con los lectores. Pienso que la felicidad es un estado de ánimo positivo y placentero, un sentimiento de bienestar moderadamente estable, que suele acompañar a la idea de que la vida, en general, es satisfactoria, tiene sentido, merece la pena. Según nuestra personalidad y la situación en que nos encontremos, el sentimiento de dicha puede oscilar desde un estado sosegado o sereno de contentamiento, más o menos inconsciente, que algunos llaman paz interior o tranquilidad de espíritu, hasta la emoción más intensa de placer, éxtasis o encantamiento.

En mi experiencia personal, las personas felices que he conocido suelen poseer una buena dosis de confianza en sí mismas, de seguridad y de autonomía. Expresan sin gran dificultad sus sentimientos y opiniones, se muestran generalmente optimistas en su empeño por alcanzar las metas que se proponen, y disfrutan de las relaciones con los demás, de sus ocupaciones y del tiempo libre. Muchas vivieron su infancia en un ambiente familiar afectuoso, estable y salpicado de alegrías. Y la mayoría se adapta bastante bien a las vicisitudes de la existencia y acepta las reglas imperfectas del juego de la vida sin resentirse.

Estoy seguro de que no faltarán lectores que juzguen esta descripción como incorrecta o incompleta por una razón u otra. Su crítica es comprensible porque, como ya hemos visto, existen innumerables factores que influyen y configuran el significado que le damos a la dicha humana. En el fondo, como señaló Sigmund Freud en su obra *El malestar en la cultura,* «la felicidad es algo esencialmente subjetivo».

De todas formas, aunque no nos pongamos todos de acuerdo a la hora de definir la felicidad con palabras, creo que sí es razonable coincidir en que la gran mayoría de las personas reconoce la felicidad cuando la siente. Por eso, quizá la respuesta adecuada a la cuestión que planteó el porfiado Tentetieso a la aventurera Alicia, en la cita del principio de este capítulo, es que aquí, en el mundo de la felicidad, quienes mandan no son las palabras, sino nosotros y nuestros sentimientos.

6
EL TERMÓMETRO DE LA SATISFACCIÓN

«Si uno piensa que es feliz, es suficiente prueba de que es feliz.»

DAVID MYERS, *La persecución de la felicidad,* 1992

Nuestra proverbial preocupación por el sufrimiento, y la fascinación que sentimos por los relatos de infortunios y calamidades, hacen que a simple vista parezca que pasamos más tiempo obsesionados con las desgracias a nuestro alrededor que disfrutando de los momentos dichosos que nos depara la vida. Esta manía y atracción por las desventuras quizá explique el hecho de que la historia, la literatura, el teatro, el cine, la televisión, la radio, la prensa y las tertulias, tanto académicas como populares, estén constantemente refiriéndose a personas infelices o a sucesos penosos, y raras veces consideren dignas de mención las situaciones de buena fortuna. Por algo será que todos los estudiantes de periodismo aprenden muy pronto que «las buenas noticias no son noticias».

Lo irónico es que los desastres y las aberraciones captan de inmediato nuestra atención no tanto por su frecuencia sino precisamente por lo contrario: porque son anomalías y, como tales, no forman parte de lo que esperamos o acostumbramos en la vida cotidiana.

Cada año salen al mercado miles de obras sobre las miserias de la vida, sus causas y sus remedios. Los tratados de psicología están repletos de deprimentes notas biográficas utilizadas por sus narradores para defender la noción de que la mayoría de los hombres y las mujeres, por una razón o por otra, nos consideramos inferiores, inútiles o despreciables. Casi todos los libros destinados a guiar a los aspirantes la dicha que escriben los expertos en aconsejar a personas felices amparan esta triste y desilusionante opinión. De la popularidad de expresiones como las atribuidas al es- or Mark Twain, «nadie en el fondo de su corazón siente eto por sí mismo», o al humorista Groucho Marx, nca me afiliaría a un club que acepte gente como yo».

Incluso el jovial Bertrand Russell, premio Nobel de Li- atura, que en su famoso tratado *La conquista de la felicidad* confesaba: «me encanta la vida y casi estoy por decir que cada año que pasa la encuentro más gustosa», mantenía que la mayoría de las personas son infelices. En la primera página de su obra emblemática Russell escribe: «Quien sea feliz, pregúntese cuántos amigos suyos lo son. Y después de pasar revista a sus amigos, estudie el arte de leer las expresiones de sus caras, tome nota de los humores de quienes encuentra en el curso de un día corriente. En todas las caras que me encuentro veo huellas de flaqueza y de dolor». Líneas más tarde, este célebre pacifista añade: «Es una necesidad vital de nuestra civilización descubrir un sistema que evite las guerras; pero no hay posibilidad de tal sistema mientras los hombres sean tan desgraciados que el exterminio mutuo les parezca menos horrendo que soportar constantemente la luz del día».

Igualmente, Erich Fromm, uno de los psicólogos más influyentes del siglo XX, presenta en su obra humanista una visión negativa de la sociedad de consumo, impersonal y materialista, y describe el impacto destructivo que esta ejerce sobre la felicidad de las personas. A pesar de su fe en la naturaleza humana y en la capacidad del hombre y la mujer de liberarse de las fuerzas sociales malignas, Fromm nos transmite con insistencia la inquietante y amarga duda de que la cualidad más preciosa del ser humano, «el amor a la vida», no podrá prevenir «la catástrofe apocalíptica final».

Este mismo escepticismo se palpa, incluso, entre los investigadores supuestamente más neutrales. Por ejemplo, David Myers, en su estudio exhaustivo sobre la felicidad, revela que tanto sus colegas psicólogos como el grueso de sociólogos a quienes sondeaba sobre la prevalencia de la dicha en la población general calculaban espontáneamente que no más del 20 por 100 de la gente es feliz, y que una de cada tres personas se levanta con depresión cada mañana. Hace poco, Thomas Szasz, un psiquiatra neoyorquino de reconocido prestigio, aseguraba desengañado que «la felicidad es una condición imaginaria que antiguamente los seres vivos atribuían a los muertos, y ahora los adultos atribuyen a los niños, y los niños a los adultos».

Lo verdaderamente asombroso, sin embargo, es que todo este pesimismo, tan extendido, tan recalcitrante y tan antiguo, no está respaldado por el medidor del bienestar subjetivo real de las personas. El termómetro de la satisfacción con la vida marca niveles generales muy reconfortantes y saludables en la mayoría de la población.

La idea de evaluar el sentimiento de felicidad es relativamente nueva. Hace unos treinta años, los primeros científicos interesados en lograrlo trataron de encontrar métodos o instrumentos objetivos para hacerlo. Con el tiempo, sin embargo, se percataron de que la satisfacción personal con la vida no se puede medir como medimos la tensión arterial, las descargas eléctricas del corazón o del cerebro, o el nivel de colesterol en la sangre. De momento no se conocen pruebas fisiológicas que reflejen de una manera válida el grado de contentamiento de las personas, ni actitudes o conductas que revelen de forma consistente y apropiada nuestra felicidad interior. Aunque una apariencia animada y una disposición simpática o cordial son más frecuentes entre la gente contenta, estos gestos también se observan entre los descontentos. La valoración de nuestro aspecto externo o de nuestros comportamientos, tanto por parte de compañeros que nos conocen como por examinadores imparciales, no siempre coincide con nuestro verdadero estado de ánimo.

Hoy día la mejor técnica para averiguar el nivel de felicidad general en las personas es sencillamente la realización de encuestas, o lo que es igual: preguntar. Así, cuando se plantea la cuestión directamente a hombres y mujeres corrientes de distintas partes del mundo, emerge un cuadro tan alegre como esperanzador.

Los numerosos estudios que he analizado en el curso de este trabajo confirman que, en circunstancias normales y en términos globales, aproximadamente entre el 65 y el 85 por 100 de las personas dicen sentirse satisfechas con la vida en general. Los resultados de cientos de investigaciones multinacionales sobre el sentimiento subjetivo de bienestar de miles de personas, llevadas a cabo por expertos en este campo —como Michael Argyle, Paul Costa, Ronald Inglehart, David Lykken, David Myers, Fritz Strack, Ruut Veenhoven y otros muchos—, demuestran este elevado nivel de satisfacción o contentamiento. En las encuestas más recientes, efectuadas en Europa y Estados Unidos, de cada diez entrevistados, tres se consideran *muy* dichosos, seis se sienten *bastante* felices y solo uno de cada diez declara no ser feliz. En cuanto a la satisfacción con las vicisitudes cotidianas, el 80 por 100 de los encuestados afirman que pasan más horas al día contentos que descontentos.

Para sondear la cuestión de la felicidad más allá de las palabras, los investigadores estadounidenses Frank Andrews y Stephen Withey ilustraron siete figuras de caras de individuos con diferentes semblantes, desde el más risueño al más desconsolado. A continuación pidieron a un grupo muy amplio de hombres y mujeres de varios países de Occidente que catalogaran sus propios sentimientos seleccionando la expresión facial que mejor los reflejaba. Los resultados revelaron que el 93 por 100 de los participantes eligieron uno de los tres rostros más sonrientes.

No son pocos los que se sorprenden ante cifras tan altas de personas dispuestas a comunicar un estado de ánimo feliz. Los más incrédulos sugieren sarcásticamente que se trata de afectados ingenuos de una epidemia de fácil optimismo, como el personaje que inmortalizó Voltaire con la figura del patético doctor Pangloss en la historia de *Cándido*. Los más informados en temas psicológicos que desconfían de tantas respuestas positivas apuntan que Sigmund Freud, el padre del psicoanálisis, demostró que los seres humanos tenemos la tendencia a defendernos de los sentimientos dolorosos negándolos o reprimiéndolos. Esta forma de autoengaño es una estrategia de mantenimiento de la felicidad y del equilibrio emocional única de nuestra especie. Se trata de una argucia mental eficaz que se elabora dentro de ese sector de la psique que llamamos inconsciente. Por medio de este mecanismo de defensa excluimos de la memoria y enterramos en el olvido frustraciones, desengaños, fracasos y otros recuerdos penosos que atentan contra nuestra placidez, lo que nos ayuda a conservar la esperanza y el entusiasmo ante condiciones internas o externas desfavorables.

La verdad es que todos nos defendemos de cualquier situación que amenace nuestra felicidad. Ante una equivocación o un conflicto, nuestras explicaciones o racionalizaciones casi siempre nos favorecen. Aceptamos más responsabilidad por nuestras acciones positivas que por las negativas, por los triunfos que por los fallos. Los deportistas, por ejemplo, suelen adjudicarse en privado el mérito de la victoria y culpar al resto del equipo, o al árbitro, de la derrota. Los estudiantes que obtienen malas notas en un examen tienden casi automáticamente a criticar el examen. La pregunta desconsolada «¿Dios mío, qué habré hecho yo para merecer esto?» se nos plantea cuando nos sentimos abrumados por un disgusto o contratiempo, pero nunca después de un éxito. Asumimos que los éxitos nos los merecemos.

También es cierto que nuestra visión optimista no está siempre basada en datos correctos o reales. Si a los estudiantes universitarios estadounidenses se les pregunta, uno a uno, sobre sus perspectivas de futuro, la mayoría considera que tendrá más probabilidades de encontrar un trabajo con un buen salario al terminar sus estudios, y menos posibilidades de divorciarse o de morir prematuramente de cáncer que los compañeros de clase. El 98 por 100 de los alumnos de primer año piensa que terminará la carrera en los años asignados, mientras que a la hora de la verdad solo el 50 por 100 se gradúa sin tener que repetir por lo menos un año.

Una encuesta realizada recientemente por *The New York Times* refleja la tendencia de algunas personas a creer que la sociedad está en peores condiciones que ellos mismos. Por ejemplo, mientras el 60 por 100 piensa que la mayoría de la gente está demasiado preocupada con sus problemas, solo el 17 por 100 de los encuestados dice estar demasiado preocupados con los suyos. El 37 por 100 piensa que la mayoría de la gente se aprovecha de los demás, pero solo el 12 por 100 dice que conocen a alguien que lo hace. Aunque solo el 18 por 100 considera importante el atractivo físico, el 60 por 100 opina que casi todo el mundo le da demasiada importancia a la apariencia.

«Interpretamos el mundo a través de nuestros deseos», decía el aforismo de Friedrich Nietzsche. Y tenía razón.

El termómetro de la dicha no es perfecto. Existe la posibilidad de que la experiencia del momento coloree temporalmente nuestros sentimientos. Personas que se encuentran de buen humor, bien porque ha ganado su equipo de fútbol favorito o porque finalmente han logrado realizar un viejo deseo, tienden a considerarse más felices y más competentes que quienes acaban de recibir una mala noticia o se sienten defraudadas. Además, nuestro estado emocional pinta el presente y los recuerdos. Cuando estamos de buen humor no solo tendemos a alimentar una opinión positiva de nuestro mundo, sino que atribuimos nuestra perspectiva a la realidad, como si siempre hubiésemos visto el mundo de color de rosa, y no nos paramos a pensar que nuestro regocijo pueda ser transitorio. Por el contrario, cuando nos invade la melancolía no tenemos en cuenta los buenos tiempos, pensamos que todo fue siempre sombrío o adverso.

El sentimiento de satisfacción es también relativo. A menudo está influenciado por la comparación que hacemos entre nuestra situación actual y las experiencias pasadas o nuestras expectativas futuras. Está demostrado que después de reflexionar y de escribir sobre los detalles de una mala experiencia que hemos vivido nos sentimos mejor. Si recurrimos a nuestros recuerdos más dichosos del ayer para medir nuestras luchas y equivocaciones de hoy, lo más probable es que nos desilusionemos.

Otra tendencia muy común es contrastar nuestras circunstancias con las de quienes nos rodeàn, y sentirnos mejor o peor según la suerte de aquellos con quienes elegimos equipararnos. Esto explica el que nos consideremos afortunados cuando logramos salir solos de la pobreza que afecta a nuestro grupo social, pero no nos sintamos especialmente prósperos si la renta per cápita aumenta en toda nuestra comunidad por igual. La percepción de desigualdades entre los miembros del mismo grupo influye en el sentimiento subjetivo de dicha de cada persona mucho más que las disparidades entre dos colectivos o comunidades diferentes, aunque estas últimas sean más obvias y marcadas.

La felicidad a menudo se evapora en el espacio entre lo que tenemos y lo que queremos o pensamos que nos merecemos, entre lo que poseemos y lo que poseen nuestros vecinos. Nuestra necesidad de compararnos no solo afecta a los bienes materiales, sino también a la apariencia física, a la inteligencia y a los éxitos. Bertrand Russell consideraba que la humanidad se organiza de acuerdo a una serie interminable de comparaciones. Según Russell, «Napoleón envidiaba a César, César envidiaba a Alejandro Magno, y Alejandro Magno envidiaba a Hércules, quien probablemente nunca existió». No podemos liberarnos de la competitividad o de la envidia solamente a costa de triunfos, porque siempre encontraremos a nuestro alrededor, en las noticias de los periódicos, en los libros de historia o en las leyendas mitológicas, a alguien con más victorias y mejor fortuna que nosotros. Los publicistas saben explotar muy bien esta tendencia humana. Por eso, nos machacan constantemente con imágenes de personas triunfadoras que despiertan nuestra rivalidad o nuestro hambre de concurso y avivan en nosotros el ansia por superarlas.

Sin embargo, cuando nos sentimos amenazados o heridos tendemos a equipararnos a la baja. Después de un desastre natural, muchas víctimas se sienten afortunadas si se comparan con damnificados que han sufrido daños mayores. Expresiones como «podía haber sido mucho peor» o «por lo menos no soy el único» nos ayudan a soportar el estrés y la angustia que producen los accidentes inesperados.

En un estudio de mujeres con cáncer de mama que se reunían semanalmente en grupos de autoayuda, Shelley Taylor demostró que las pacientes que habían perdido un pecho se sentían reconfortadas al compararse con enfermas que a causa del cáncer habían sufrido una mastectomía bilateral. Estas dolientes, a su vez, se reconfortaban al contrastar su mal con las mujeres cuyo tumor maligno tenía metástasis o se había extendido a otras partes del cuerpo.

Las personas con grandes fortunas nos aportan otra ilustración de lo relativo que es el sentido de contentamiento. En una encuesta Gallup, en la que el 21 por 100 de los participantes eran individuos multimillonarios, solo el 1 por 100 se consideraba acaudalado a pesar de que sus vastos patrimonios estaban contabilizados en millones de dólares. Con el tiempo, los lujos más extravagantes se convierten en necesidades. En 1998 los jugadores de béisbol de la liga norteamericana declararon una histórica huelga por considerarse mal pagados. «La gente cree que todos ganamos cuatro o cinco millones de dólares al año —explicaba indignado ante las cámaras de televisión uno de los bateadores del equipo de Texas— y no se dan cuenta de que la mayoría de nosotros no ganamos más de dos millones» (¡alrededor de 350 millones de pesetas anuales!). Estos y docenas de casos similares demuestran que nuestra ambición tiende a incrementarse a medida que alcanzamos las metas a las que aspirábamos.

La natural capacidad humana de adaptación hace que el placer que nos produce un estímulo continuado disminuya con el paso del tiempo. Todas las experiencias placenteras, por intensas que sean, casi siempre son fugaces. Por eso, como dice David Myers, «si nos regocijamos yendo hacia la cumbre, la satisfacción durará más si vamos por las escaleras que si usamos el ascensor».

La vida no puede ser un crucero de placer interminable. Sigmund Freud resalta este punto en su obra *El malestar en la cultura* cuando explica: «Lo que llamamos felicidad proviene de la satisfacción repentina de necesidades que han sido contenidas o reprimidas con firmeza, y es por naturaleza algo transitorio o episódico. Cuando un estímulo placentero que deseamos se prolonga, termina produciéndonos solo un ligero sentimiento de contentamiento. Estamos hechos de forma que solo podemos gozar intensamente de un contraste y no de un estado de cosas permanente». Un ejemplo muy concreto de nuestra adaptación física y psicológica es el efecto de euforia que producen las drogas estimulantes. Todos los consumidores regulares aprenden con rapidez que para sentir el mismo nivel de placer o de excitación es preciso aumentar periódicamente la dosis. La expresión del alcohólico «cuanto más bebo, peor me siento sin beber y más tengo que beber para restaurar mi nivel de satisfacción» ilustra este fenómeno.

Creo que las pretensiones más gratificantes suelen ser aquellas que en principio están fuera de nuestro alcance, pero no por mucho. Los hombres y las mujeres de las cavernas prehistóricas habrían perdido el tiempo y detenido el progreso si hubieran vivido obsesionados por no tener antibióticos, cocinillas de campamento o rifles de caza. La persecución de la dicha tiene que estar calibrada de acuerdo a lo que podemos obtener en nuestro ambiente, dentro de nuestras posibilidades, con un esfuerzo razonable. En nuestra búsqueda de contentamiento nos ayuda moderar las expectativas más ambiciosas y fijarnos metas razonables, tratar de recordar los buenos momentos, apreciar lo que tenemos y elegir comparaciones que produzcan en nosotros agradecimiento en lugar de desilusión.

La satisfacción con la vida en general no está reñida con las preocupaciones o los contratiempos. Todos experimentamos altibajos cotidianos. Pero, a largo plazo, nuestro estado de ánimo típico suele ser bastante constante. Como explicaré más adelante al tratar de los ingredientes genéticos de la dicha, está comprobado que las personas que dicen sentirse muy satisfechas hoy tienen muchas posibilidades de decir lo mismo dentro de un año.

En definitiva, no podemos descartar la posibilidad de que algunos de los participantes en los estudios sobre la felicidad expresen, por un motivo o por otro, un estado de dicha incorrecto, transitorio o que realmente no sienten. Pero me parece que estos casos son la excepción y no la regla. Pues, a fin de cuentas, si una persona dice que es feliz la deducción más razonable es que lo es. Si nosotros mismos no podemos reconocer si somos felices o infelices, ¿quién puede?

Es un hecho que hay personas que se sienten desgraciadas, que piensan que la vida carece de sentido, no vale la pena o incluso supone un intolerable martirio. En todas las culturas y pueblos hay un número bastante previsible de hombres y mujeres desesperados que se matan intencionadamente. Según la Organización Mundial de la Salud, unos mil doscientos individuos se suicidan cada día en el mundo, y por cada uno que se inmola veinte lo intentan sin éxito. También hay suicidas que no aparecen en las estadísticas porque la muerte es emocional y no física. Me refiero a las parejas en bancarrota afectiva, a las amas de casa paralizadas en su dependencia, a los burócratas hastiados, a los narcisistas ensimismados, a los alcohólicos disimulados y a quienes viven aletargados por el cinismo, la desidia y la rutina. A pesar de esta trágica realidad, la verdad incontrovertible es que la gran mayoría de las personas se sienten dichosas y satisfechas con su vida en general. Sospecho que la razón de tanto contentamiento es que la habilidad para encontrar la felicidad, disfrutarla, mantenerla y hasta recuperarla cuando la perdemos forma parte de nuestra naturaleza.

Quizá la mejor prueba de la universalidad de este sentimiento positivo sea el hecho de que el *Homo sapiens* haya perdurado y prosperado durante cuatrocientos milenios. De hecho, numerosos estudios demuestran que las personas con talante abierto y optimista disfrutan en general de mejor salud que las personas cerradas en sí mismas y derrotistas, y cuando las primeras enferman, sanan más rápidamente. Me imagino que entre nuestros antepasados los hombres y las mujeres cascarrabias, los pesimistas y los lúgubres tenían menos probabilidades de sobrevivir, y si sobrevivían solo una minoría se convertía en predecesores nuestros, pues tampoco se les daba bien el juego del emparejamiento. Quizá esto explique, al menos en parte, el hecho de que la mayoría de la gente se sienta moderadamente feliz la mayor parte del tiempo. Es razonable pensar que, desde el principio, los genes que configuraban temperamentos que estaban más sintonizados con las emociones agradables o las experiencias dichosas fueron favorecidos en el concurso de la selección natural que ha guiado la conservación y evolución de la humanidad.

Es difícil imaginarse la supervivencia y el desarrollo de una especie tan inteligente como la nuestra sin que la mayoría de sus miembros experimenten una buena dosis de placer, de esperanza y de entusiasmo. La felicidad no es una abstracción, ni un mito, ni un don divino, ni un misterio, sino un estado de ánimo real y congruente con las ganas de vivir, con el ímpetu de conectarnos unos con otros, con el deseo de involucrarnos con el medio y con las fuerzas de sustentación de la vida. Es evidente que fomentando nuestra dicha y la del prójimo avanzamos nuestro proyecto evolutivo natural.

Me imagino que milenios antes de que Aristóteles de Estagira definiera la felicidad como el bien supremo y considerara que todo lo demás eran simples medios para conseguirla, muchos hombres y mujeres corrientes ya intuían que la satisfacción con la vida era el aliciente más poderoso en su lucha diaria, la energía motivadora que se escondía detrás de casi todas sus tareas y fantasías. Yo me sumo a quienes consideran que la creencia fatalista de que somos seres desgraciados y desvalidos por naturaleza, tan fomentada por dogmas religiosos, doctrinas filosóficas y teorías psicológicas, durante los últimos tres mil años, es probablemente una mentira vital, una falacia que intenta marcarnos con el estigma de víctimas impotentes de conspiraciones siniestras y, de paso, robarnos la ilusión de controlar y disfrutar razonablemente de nuestro destino.

En la actualidad no existe evidencia científica alguna que ampare la idea de que la felicidad está solo al alcance de los mortales que gozan de una gracia sobrenatural o poseen cualidades excepcionales. Por eso, quizá el famoso estribillo de la parábola evangélica del banquete nupcial, atribuido a san Mateo, hoy hubiera rezado: «muchos son los llamados y muchos los elegidos».

7
REPARTO DE LA DICHA

«De la felicidad no sabemos de cierto
más que la vastedad de su demanda.»

FERNANDO SAVATER, *El contenido de la felicidad,* 1986

Que la felicidad abunda entre los seres humanos en cantidades mucho más generosas de lo que solemos sospechar o nos cuentan los medios de información y los críticos sociales, es un hecho constatado. Sin embargo, su distribución por países, entre ricos y pobres, hombres y mujeres, gente de buen ver o de aspecto ordinario, mayores y jóvenes, o entre personas muy inteligentes y sujetos de intelecto corriente, presenta un cuadro más complejo.

Uno de los estudios multinacionales más extensos sobre el reparto de la dicha ha sido realizado por Ronald Inglehart, profesor de Ciencias Políticas de la Universidad de Michigan, en Estados Unidos. Esta investigación, en la que participaron unos ciento setenta mil hombres y mujeres de dieciséis países industrializados, demostró que si bien la mayoría de la gente goza de un talante positivo, los habitantes de naciones como Dinamarca, Suecia, Suiza, Canadá o Australia se sienten más satisfechos con la vida que los residentes de países como Portugal, Grecia, Sudáfrica o Argentina. Aunque la felicidad de estos pueblos tiene una relación moderada con su riqueza o renta per cápita, parece que está sobre todo ligada a ciertos valores sociales y políticos. Concretamente, los ciudadanos de países que han disfrutado de instituciones democráticas sin interrupción desde 1920 expresan más satisfacción que aquellos cuyas democracias y libertades civiles se consolidaron después de la Segunda Guerra Mundial. Con todo, es prudente suponer que los vecinos de cada cultura interpretan la cuestión de la dicha a su manera.

La tasa de optimismo y satisfacción en España es bastante alta, a pesar de que la historia moderna de la democracia española hasta hace menos de tres décadas ha sido borrascosa y se ha visto salpicada de incidentes escabrosos. Según un informe de la Universidad Complutense, dirigido por el sociólogo Amando de Miguel, en los años noventa el 23 por 100 de los españoles se sentían «muy satisfechos», algo más de la mitad se consideraban «bastante satisfechos» y solo el 20 por 100 «no mucho o nada satisfechos». Este índice de bienestar psicológico colectivo estaba por debajo del nivel de los daneses y los holandeses, pero era superior al de los portugueses, los italianos, los griegos y los franceses. Además, representaba una mejora importante en comparación con la década anterior.

El sentimiento de dicha en España ha continuado aumentando en los últimos años, lo cual no nos debe extrañar. La sociedad española ha experimentado un progreso social, económico y político tan espectacular como sorprendente. Un sondeo muy reciente, con motivo de la entrada en el siglo XXI, realizado mediante entrevistas a domicilio de hombres y mujeres mayores de dieciocho años de ambos sexos, señala que seis de cada diez españoles dicen sentirse optimistas y confiados, y solo uno de cada diez experimenta pesimismo y desconfianza. La mayoría, o el 60 por 100, cree que el mundo, en su conjunto, mejorará, y que la gente será más feliz. Alrededor del 80 por 100 de los consultados vaticinan la curación del cáncer y del sida, el 65 por 100 piensa que se disfrutará de más libertad y tolerancia en el futuro, y el 76 por 100 predice que habrá cada vez más países democráticos.

Un dato que complica el entendimiento de este reparto de felicidad entre naciones desarrolladas es la distribución geográfica de la incidencia de suicidios. Si aceptamos la teoría del famoso sociólogo francés Émile Durkheim, de que el suicidio es, en parte, un reflejo de la insatisfacción, desintegración o «anomia» de una sociedad, sorprende el hecho de que algunas de las naciones catalogadas como más felices en estos estudios experimenten índices de autodestrucción mucho más altos que países considerados menos dichosos. Por ejemplo, según la Organización Mundial de la Salud, de cada cien mil habitantes, aproximadamente treinta hombres y dieciséis mujeres se quitan la vida en Dinamarca cada año, el mismo número de varones y once mujeres en Suiza, venticinco hombres y diez mujeres en Suecia, y veintidós hombres y seis mujeres en Australia y Canadá. Por el contrario, la tasa anual de suicidios en Portugal, Grecia o

España, por cada cien mil habitantes, no pasa de once hombres y cuatro mujeres.

De todas formas, cuando tratamos de explicar la relación entre la incidencia de suicidios y el bienestar de un pueblo no es fácil llegar a una conclusión definitiva, pues las razones que empujan a los seres humanos a quitarse la vida son tan variadas como enigmáticas. Aparte de la prevalencia de ciertas dolencias mentales como la depresión, o del significado que los valores culturales y religiosos de cada sociedad le dan a la vida y a la muerte, la realidad es que no sabemos lo que de verdad pasa en la mente de los suicidas consumados ni lo que exactamente les lleva a destruirse. No es fácil entender por qué en Estados Unidos, por ejemplo, los blancos se suicidan con más frecuencia que los negros, los ricos más a menudo que los pobres, o los lunes de primavera son los días más fatídicos. Otra curiosidad es que solo uno de cada cinco suicidas deja una nota escrita con sus últimas reflexiones o deseos. El suicidio está, además, rodeado de una nube espesa de tabú, de secreto y de rechazo social. Como consecuencia, muchas muertes autoproducidas se disimulan o se catalogan como accidentes, por lo que los datos oficiales no reflejan toda la realidad del problema.

Cuando, como ha hecho la socióloga holandesa Ruut Veenhoven, incluimos en la comparación del reparto geográfico de la dicha a países en desarrollo, en los que una gran parte de la población vive en condiciones precarias de miseria, la diferencia entre los residentes de los países industrializados ricos y los habitantes de los pueblos pobres se hace muy marcada. Nadie niega que para alcanzar un grado mínimo de satisfacción con la vida los humanos necesitamos comer, descansar, sentirnos seguros, disponer de un cuerpo y una mente moderamente saludables, y disfrutar de un cierto nivel de información y de contacto social. Como describe el psicólogo estadounidense David Myers, la tasa de dicha de los franceses, los ingleses y los alemanes que vivían desamparados y escasos de alimentos y de vivienda a finales de la Segunda Guerra Mundial era muy baja, pero a medida que las economías resurgieron, también retornaron los sentimientos de bienestar y contentamiento a estas poblaciones.

Independientemente de las medidas comparativas que usemos, la mayoría de los pobres del mundo viven hoy mejor que los pobres de antes. Pero también es obvio que los más pobres entre los pobres de hoy llevan vidas de carencia y desesperación realmente insoportables. A los hambrientos sudaneses, somalíes, etíopes o guatemaltecos, un modesto aumento de ingresos o disponibilidad de más dinero les compraría más felicidad. A los niños y las niñas de Calcuta, de Lima, de Rio de Janeiro o de Bangkok que mendigan por las calles o venden sus cuerpos por comida, más dinero, más cariño y más protección por parte de la sociedad también les harían sentirse más felices.

Pienso que, con excepción de los miembros de comunidades afectadas gravemente por la penuria, la enfermedad, la inseguridad, la injusticia, la opresión o la ignorancia, más dinero no da más felicidad a quienes ya cuentan con los recursos económicos para mantener un nivel de vida razonablemente confortable y viven en sociedades seguras que permiten una cierta libertad de expresión.

Por lo general no valoramos nuestra situación económica como un componente esencial de la felicidad. Lo que sí parece tener peso es la comparación que establecemos con nuestras circunstancias económicas del pasado, con nuestras aspiraciones futuras, o con la situación de los compañeros y compañeras de vida que pertenecen a nuestro mismo grupo social. Por eso, en una misma población, donde los habitantes se comparan unos con otros, el sentimiento global de satisfacción es ligeramente más alto entre los individuos excepcionalmente ricos. Por ejemplo, el sociólogo Ed Diener y sus colaboradores contrastaron la dicha de personas potentadas con ingresos anuales de más de mil setecientos millones de pesetas con la de individuos de la misma zona que tenían salarios inferiores a cuatro millones. Mientras los adinerados decían sentirse felices el 77 por 100 del tiempo, los menos pudientes disfrutaban el 62 por 100 de su día a día. No obstante, esta diferencia desaparecía cuando el grupo de medios más modestos poseía una buena preparación escolar o profesional.

Nuestra satisfacción con la vida depende menos de las cosas que tenemos que de nuestra actitud hacia ellas. Más importante que el sueldo concreto es la satisfacción que sentimos con la compensación personal y profesional que percibimos por nuestra contribución en el trabajo. La respuesta preferida a la pregunta «¿qué aspecto del trabajo considera más importante?» no es un salario elevado, sino «que sea un trabajo interesante y que tenga significado o impacto». Esto no es óbice para que dos terceras partes de los varones y la mitad de las mujeres en países europeos opinen que un 30 por 100 más de ingresos económicos les haría sentirse más felices. Más dinero a menudo implica menos preocupaciones económicas, más opciones, mejor jubilación, un coche más moderno o un piso más amplio. También es verdad que las personas que se tienen que apretar el cinturón a final de mes generalmente se sienten menos contentas que quienes, ganando el mismo dinero, se organizan o planifican mejor sus gastos y pasan menos apuros.

Obtener lo que queremos es tan importante como apreciar lo que tenemos. El equilibrio entre los anhelos que alimentamos y los recursos de que disponemos es fundamental a la hora de entender la relación que existe entre la riqueza y el sentimiento de dicha. Es un hecho demostrado que el desnivel entre las aspiraciones que albergamos y las oportunidades a nuestro alcance es una de las causas más frecuentes de frustración y de amargura en las personas. Pero tener más dinero del necesario no incrementa nuestra satisfacción con la vida en general.

Un dato interesante sobre el impacto del dinero en nuestra felicidad lo aportan los estudios sobre los afortunados que ganan millones en la lotería o las quinielas. Se ha comprobado que, excepto en el caso de personas muy pobres, la mayoría de los ganadores no se sienten más felices un año después del golpe de buena suerte. Como demostró Philip Brickman y sus colaboradores en un estudio sobre este fenómeno, a menudo los agraciados terminan sufriendo estados de ansiedad provocados por los cambios en sus estilos de vida y, sobre todo, se convierten en presas fáciles de conflictos e incluso de rupturas de sus relaciones con seres queridos. El río de la felicidad se alimenta menos de caudales de grandes fortunas que de afluentes de satisfacciones y logros comunes. Nadie duda de que necesitamos pan para vivir, pero una vez que lo conseguimos surgen en nosotros otras necesidades como la realización personal, la autonomía, las relaciones de cariño y amistad, o la participación social.

El reparto de la dicha entre el sexo masculino y el femenino ha sido objeto de muchos estudios y polémicas. Creo que es razonable comenzar este tema recordando que existe una larga y verificada cronología de crueles abusos e injusticias, sociales y económicas, en contra de la mujer. Parece que el tejido del matriarcado se desintegró hace varios milenios coincidiendo con la aparición de religiones monoteístas que, como ya he descrito, ineludiblemente identificaban a un dios varón. Estas creencias fueron traducidas en casi todas las culturas a formas devaluadoras del sexo femenino. La mujer ha tenido a su alcance menos oportunidades y alternativas que el hombre.

La prolongada historia de rechazo, subyugación y desigualdad a que ha sido sometida la mujer nos debería hacer sospechar que el bienestar subjetivo del sexo femenino está por debajo del masculino. Sin embargo, en múltiples investigaciones, incluyendo el estudio de varios miles de personas que realizaron Alex Michalos y otros sesenta y ocho investigadores en treinta y nueve naciones, ambos sexos manifiestan sentirse igualmente «satisfechos» con sus vidas. Esto no quiere decir que los elementos que contribuyen a la dicha de los hombres y de las mujeres sean idénticos.

Es obvio que los hombres y las mujeres son diferentes en términos biológicos, psicológicos y sociales, y que estas diferencias se reflejan en los aspectos que configuran su sentido de bienestar. Por ejemplo, las conquistas materiales o los éxitos en situaciones de riesgo o competitividad suelen jugar un papel más trascendental en la dicha del varón. En cambio, la calidad de las relaciones íntimas y el ambiente familiar parecen influir más a menudo en la felicidad de la mujer. En la cara opuesta de la moneda de la fortuna nos encontramos con que los hombres son más proclives al alcoholismo, a las actitudes antisociales, a los comportamientos violentos y al suicidio. De hecho, como Rhawn Joseph demostró recientemente, después de la muerte de la pareja o la pérdida del trabajo, los varones tienen un riesgo de suicidio siete veces más alto que las mujeres. El sexo femenino, sin embargo, es más propenso a sufrir ansiedad y depresión.

Pero a pesar de las diferencias en su historia, sus atributos, sus dolencias, sus expectativas y sus prioridades, la satisfacción de hombres y mujeres con la vida es muy parecida en la actualidad. Existen varios factores que, en mi opinión, explican en parte esta igualdad. Uno es indudablemente el espectacular avance en la condición social y económica de la mujer durante los últimos años. Gracias al movimiento feminista, a la disponibilidad de métodos de control de natalidad seguros y eficaces, y a los cambios positivos en las actitudes y normas culturales, las mujeres han abierto una brecha importante en la trama de la hegemonía masculina, lo que les ha permitido entrar en el reino de la economía, de las profesiones y del poder político controlado tradicionalmente por los hombres.

Otro factor es que bastantes mujeres han aprendido a compensar su situación de desventaja social buscando gratificaciones a través de sus cualidades vitalistas y humanizantes naturales, como es la capacidad única que tienen para vincularse al proceso diario de sustentación de la vida, o su particular habilidad para resolver conflictos sin violencia, o su aptitud para situar el bienestar tangible propio y de sus seres queridos por encima de conceptos abstractos. También influye el hecho de que, al medir interiormente su sentimiento de bienestar, muchas mujeres utilicen como punto de comparación la situación de otras mujeres y no la posición ventajosa de los hombres.

Un elemento inevitable en la comparación de la felicidad entre los sexos es el relieve que cada uno asigna al aspecto físico. No pocos pensadores quieren hacernos creer que la belleza corporal es algo intrascendente: no explica nada, no resuelve nada y no nos enseña nada, aducen. Es verdad que la belleza corporal es mitad carne y mitad imaginación. No obstante, la apariencia es la parte más pública de nosotros. Se dice que Aristóteles en una ocasión señaló que la belleza es la mejor recomendación, mucho mejor que cualquier carta de presentación.

Para los hombres de hoy ser altos es importante; para las mujeres cuenta más un cuerpo delgado y bello. Y para aquellos que están convencidos de que «las apariencias engañan», los resultados de las investigaciones sobre los efectos del atractivo físico pueden ser algo preocupantes. Aunque todos conocemos personas muy hermosas que se sienten desgraciadas, la realidad es que, desde su infancia, los hombres y las mujeres considerados físicamente atractivos por la mayoría suelen ser favorecidos por sus profesores de colegio y universidad, por los jefes en el trabajo, por las agencias de empleo y por los miembros del sexo opuesto.

Como ha demostrado la psicóloga de la Universidad de Harvard Nancy Etcoff, en la vida cotidiana las personas que gozan del don del atractivo físico son en general más populares, tienen puestos de trabajo más prestigiosos y ganan más dinero. Además, la belleza no solo agrada al observador, sino que también ejerce un efecto favorable en sus beneficiarios: las personas evaluadas por jurados independientes como «extraordinariamente bien parecidas» tasan su autoestima y la calidad de su vida romántica un 35 por 100 más alto que aquellas consideradas «feas» o de apariencia ordinaria. A pesar de todos estos beneficios que se asocian a la hermosura corporal, el impacto de la apariencia física en el nivel subjetivo de satisfacción con la vida en general de ambos sexos es mínimo. Ni la estatura ni la belleza son un camino seguro hacia la felicidad.

Con todo, no podemos negar, como señala la escritora Naomi Wolf, que «la belleza es un sistema de moneda universal como pueda ser el oro. Y como todas las monedas, su valor depende de las fuerzas políticas del momento». Hoy vivimos en un mundo en el que la apariencia importa. De hecho, la conciencia de que el físico importa está tan extendida y arraigada que la obsesión por conseguir un cuerpo perfecto, por definición inalcanzable, es una fuente ostensible de desencanto. Este problema es particularmente frecuente entre las chicas jóvenes, para quienes con demasiada frecuencia no hay nada tan importante en su vida como alcanzar la silueta delgada y erótica que glorifica la cultura apoyada por la industria de la belleza. La desalentadora realidad es que esa figura idealizada se encuentra fuera de las posibilidades biológicas de la mayoría. Como consecuencia, demasiadas mujeres se sienten descontentas con su cuerpo. Sus metas imposibles se transforman en ilusiones malignas que minan su autoestima.

La situación étnica y cultural de determinados grupos sociales es otro factor importante en la evaluación del reparto de la felicidad. Hasta hace unos años se asumía que las minorías inmigrantes y los grupos raciales de color de los países de Occidente se sentían menos dichosos con la vida que la población mayoritaria de raza blanca. El motivo era la marginación y el rechazo que han sufrido estos colectivos durante siglos. Sin embargo, en docenas de estudios no se han encontrado diferencias significativas entre el estado subjetivo de dicha de estos grupos discriminados y el de sus opresores. Algunas de las explicaciones que utilicé anteriormente para entender la paridad de la dicha entre el sexo masculino y el femenino quizá sean igualmente aplicables a los inmigrantes y a las minorías de color. Muchas de estas personas también logran mantener su satisfacción con la vida gracias a que genuinamente valoran sus atributos positivos y otras cualidades por las que se distinguen o sobresalen. También tienden a culpar a los prejuicios, al racismo o a la xenofobia de sus desventajas sociales, y a compararse casi exclusivamenre con los miembros de su mismo grupo.

En lo que respecta a la distribución de la dicha según la edad, bastante gente se imagina que la adolescencia y la vejez son los períodos menos gratificantes de nuestro paso por el mundo. La adolescencia, piensan, está sacudida por cambios de humor, inseguridades, amores no correspondidos, ideales insatisfechos, luchas de poder con los padres, presiones del grupo y ansiedad sobre la carrera o el futuro.

Las décadas posteriores de la vida no lucen mejor. La creencia popular es que, con los años, nuestra salud se deteriora, perdemos autonomía, la energía se marchita, las facultades mentales nos traicionan, nos invade la melancolía y el acercamiento de la muerte nos amarga. Sin embargo, estas nociones tan nefastas de la adolescencia y la vejez responden casi siempre a estereotipos negativos incorrectos y no a la realidad. Son prejuicios que alimentan el mito de que los adolescentes o las personas mayores «son diferentes», no sienten como el resto de los mortales.

Los atributos que relacionamos con la dicha y su importancia pueden variar con el tiempo —la salud, la religión o la seguridad económica suelen ser más importantes en las personas mayores que entre los más jóvenes—. Los adolescentes son más propensos a cambiar de talante dependiendo de la situación inmediata en la que se encuentren. Todos conocemos adolescentes que cuando están tristes creen que su mundo entero se viene abajo, y cuando su estado de ánimo brilla todo a su alrededor se ilumina. Nuestro temperamento se hace más estable y coherente con el paso de los años. Quizá sea porque templamos nuestras aspiraciones, reducimos el estrés, encontramos nuevas fuentes de placer o aceptamos con más calma los avatares de la vida y la inevitabilidad de ciertas limitaciones y pérdidas. De todas formas, la satisfacción con la vida, tanto de los adolescentes como de las personas mayores, no es inferior a la que expresan los colectivos de otras edades intermedias.

El bienestar de las mujeres a partir de los cincuenta y cinco años también ha sido objeto de preocupación y ha dado lugar a que algunos investigadores se hayan centrado en estudiar el impacto de la menopausia. Una encuesta reciente de dos mil quinientas mujeres estadounidenses entre cuarenta y cinco y cincuenta y cinco años indica que la menopausia en sí no influye en la felicidad general de las mujeres. El impacto emocional de la menopausia depende del significado que la mujer le da a este cambio natural de su vida. Por ejemplo, la psicóloga Bernice Neugarten, de la Universidad de Chicago, entrevistó a muchas mujeres posmenopáusicas, y dos terceras partes decían sentirse mejor que durante los diez años que precedieron al cambio hormonal. Para la mayoría el «nido vacío» les permitía disfrutar de una vida sexual de pareja más tranquila y descuidada, libre de las molestias de la menstruación o de la preocupación de tener que controlar su fertilidad.

Igualmente, está muy extendida la creencia de que los hombres pasan por momentos difíciles de adaptación y de inquietudes entre los cuarenta y cincuenta años, la llamada crisis de la mitad de la vida. No obstante, la realidad sociológica es que estos hombres ansiosos suelen representar casos esporádicos de desequilibrios transitorios. La mayoría de los varones «maduros» no experimentan una disminución permanente en su nivel de satisfacción vital.

El psicólogo William Stock y sus colegas de la Universidad de Arizona, después de analizar los resultados de más de cien experimentos, comprobaron que las personas de todas las edades expresan niveles muy parecidos de bienestar. De hecho, menos del uno por ciento de la diferencia en el bienestar de las personas se debe exclusivamente a los años. Lo que de verdad nos perturba no es la edad sino el significado que le damos al paso de los años, así como ciertos incidentes o percances con los que nos topamos periódicamente en la vida: la muerte de seres queridos, la ruptura de relaciones importantes, la pérdida del trabajo y las enfermedades.

En el excelso templo de las virtudes que según algunos expertos nutren la existencia feliz, una cualidad muy celebrada en nuestro tiempo, especialmente en países anglosajones, es la capacidad intelectual. A raíz del descubrimiento de las pruebas de inteligencia a principios de siglo, la exaltación del cociente de inteligencia —que se calcula dividiendo la edad mental de la persona entre la edad cronológica y seguidamente multiplicando el resultado por cien— se transformó en una obsesión irresistible de la psicología. Como componente de la felicidad, la inteligencia cognitiva o académica ha sido puesta en un lugar mucho más alto del que se merece. Además, a menudo es utilizada para justificar la superioridad moral de unos grupos sobre otros.

La historia está salpicada de hombres y mujeres con dotes intelectuales excepcionales cuyas biografías demuestran claramente que una alta inteligencia no garantiza las relaciones dichosas ni la prosperidad. Todos conocemos individuos de elevado intelecto que son pilotos desastrosos de sus vidas y sufren sin descanso desde que vienen al mundo. Por el contrario, personas con un cociente de inteligencia modesto, pero preparadas emocionalmente, viven dichosas. El cociente de inteligencia es un indicador demasiado limitado como para ser útil en el amplio contexto de la felicidad humana. Pienso que su prestigio es una consecuencia de la manía predominante de etiquetar y ordenar jerárquicamente a las personas, una metáfora ingeniosa que obedece a la compulsión ancestral de separar a «los buenos» de «los malos».

El psicólogo estadounidense Daniel Goleman, en su excelente obra *La inteligencia emocional,* presenta datos exhaustivos que prueban que el coeficiente de inteligencia aporta, como mucho, un 20 por 100 de los factores determinantes de la satisfacción con la vida. Como han revelado las investigaciones de varias décadas del profesor de Harvard George Vaillant, los estudiantes más inteligentes no conseguían una cota superior de felicidad en la vida ni encontraban más satisfacción en sus relaciones con la pareja, la familia o los amigos que los estudiantes con niveles inferiores de inteligencia. Leemos en *El principito,* de Saint-Éxupery, que «vemos con el corazón, porque lo más esencial es invisible a los ojos». En el fondo, para superar muchos de los desafíos que nos plantea la vida necesitamos dos mentes, una que piensa y otra que siente.

Aunque corremos un riesgo al tratar de resumir temas tan complejos como el reparto de la dicha humana, la evidencia a nuestro alcance sugiere que su distribución geográfica parece beneficiar a los habitantes de países prósperos donde la democracia es sólida y las libertades personales son respetadas. En cuanto a la riqueza personal, el dinero no añade felicidad excepto en casos de extrema pobreza y privación. Tampoco afecta nuestro sentimiento particular de satisfacción con la vida el ser hombre o mujer, guapo o feo, de piel blanca o de color, nativo o inmigrante, viejo o joven, muy inteligente o del montón.

La verdad es que nuestra cuota de felicidad depende menos de nuestros datos demográficos y recursos personales que de lo que hacemos con ellos y del significado que les damos. Creo que el Hamlet de Shakespeare no exageró el poder de nuestra percepción cuando dijo aquello de «No hay nada bueno ni malo; solo nuestro pensamiento hace que así sea».

8
Cuerpo y alma

«Solo empezando por lo evidente y palpable podemos darle sentido a lo incorpóreo o espiritual y a nuestra experiencia colectiva que va más allá de la mera necesidad de asegurar la supervivencia de nuestros genes.»

SHERWIN B. NULAND, *La sabiduría del cuerpo,* 1997

El cuerpo es la materia tangible de carne y hueso que configura nuestro ser. Este edificio maravilloso, construido de una mezcla prodigiosa de oxígeno, hidrógeno, nitrógeno, carbono, fósforo, magnesio, potasio, calcio, hierro y otros gases y metales, plantea un reto insólito a nuestra capacidad de comprensión. Rebosante de energía y dinamismo, el cuerpo humano es el hogar de nuestras decisiones, nuestros actos, nuestras ideas, nuestros sentimientos y, literalmente, de nuestra vitalidad. Cuanto mejor conocemos su funcionamiento, más milagrosos parecen sus órganos, sus tejidos y sus entramados.

Nuestro cuerpo engloba unos setenta y cinco billones de células vivas, individuales, únicas y separadas unas de otras gracias a su propia envoltura o membrana. Todas están contenidas dentro de esa especie de saco protector resistente pero muy sensible que es la piel. Cada célula proviene de otra célula y en conjunto configuran los componentes de nuestro ser biológico. Entre las numerosas partes de nuestro organismo resaltan el corazón, la bomba incansable que late unas cien mil veces al día e impulsa seis litros de sangre por minuto; los pulmones esponjosos, que se encargan de proveernos de aire; el tubo digestivo, que asimila los alimentos; el hígado y los riñones, responsables de purificarnos, y cientos de músculos, tendones y huesos articulados, que nos permiten sostenernos erguidos y movernos.

Nuestras células también construyen kilómetros de redes de arterias, venas y vasos linfáticos por los que circulan la sangre, el suero y la linfa que empapan nuestra masa corporal. Estos jugos transportan hormonas, electrolitos y demás sustancias que regulan nuestro desarrollo, nuestra energía y la incesante renovación de nuestro equilibrio biológico. Contienen además glóbulos rojos que nos nutren de oxígeno y leucocitos y otras células que nos defienden de los gérmenes invasores o recogen los desechos. Las células nerviosas forman la trama espesa y delicada de nervios perceptivos y sensibles, conectados al encéfalo, a la médula espinal y a miles de receptores sensoriales desparramados por todo el cuerpo. Este sistema nervioso, activado continuamente mediante estímulos químicos y eléctricos, nos mantiene informados de lo que pasa en nuestro mundo interior y en el ambiente que nos rodea.

Aunque todas las partes del cuerpo juegan un papel fundamental en la integridad de nuestro ser, la cualidad que llamamos vida es el resultado de millones de turbulentas interacciones, señales y reacciones dirigidas por esa increíble obra de arte que es el cerebro humano. En los últimos años no pocos investigadores han sido seducidos por el paradigma del cerebro como modelo del ordenador. La realidad, sin embargo, es que el órgano principal del cuerpo humano no es un conjunto de microprocesadores secos, estériles y fríos, sino una masa blanda, húmeda y caliente, que flota en un caldo de ingredientes químicos muy poderosos. Este conglomerado pulsátil está formado por unos diez mil millones de neuronas que a través de sus muchas ramificaciones confeccionan varios billones de enlaces diferentes. El cerebro interpreta la información que recibe del cuerpo y del entorno y responde con directrices que aseguran la participación de todos los órganos en el esfuerzo de mantenernos con vida. De los cien mil genes y pico que elaboran el mapa genético o genoma del *Homo sapiens,* unos treinta mil están relacionados con algún aspecto del cerebro. Y aunque la masa cerebral solo ocupa el volumen de un litro de agua y no pesa más de un kilo y medio, es tal su actividad que consume el 20 por 100 de todo el oxígeno que aspiramos.

Se dice que lo único que poseemos los seres humanos con un cierto grado de certeza es nuestro propio cuerpo, y solo durante un tiempo limitado. El organismo es capaz de proporcionarnos los placeres más intensos. La conciencia de nuestro cuerpo es el primer pilar de nuestro sentido de satisfacción con nosotros mismos. Los niños de tres meses ya se fijan en sus manos con curiosidad y un par de semanas más tarde se consuelan o reconfortan chupándose el dedo pulgar. A los veinte meses expresan ufanos lo que pueden hacer o manipular con sus manos y piernas, y antes de los tres años señalan su cuerpo y se refieren a sí mismos con orgullo usando pronombres personales. Y es que el sentido de estar conectados a nuestro cuerpo y de controlar sus movimientos y tareas forma parte de nuestra identidad y es una fuente generosa de deleites.

Todo lo que el cuerpo puede hacer tiene el potencial de ser placentero, especialmente si aprendemos a cultivar y a apreciar sus sensaciones. Cuando pensamos en el placer corporal una de las primeras cosas que se nos suele venir a la mente es el sexo. Esto no nos debe sorprender, pues la sexualidad es una de las experiencias más gratificantes que existen. El hecho de que estemos genéticamente programados para disfrutar del sexo es la estratagema ingeniosa de la naturaleza para garantizar la conservación de la especie. El apetito sexual es tan poderoso que puede desviar la energía física y mental humana de metas esenciales. Por esta razón, las sociedades crean instituciones civiles y religiosas que invierten enormes esfuerzos en encauzar, regular y frenar este impulso natural. Aunque todas las facetas de la sexualidad están más o menos reglamentadas o cualificadas por esas instituciones, la masturbación es la actividad que tiene peor imagen, a pesar de su inocuidad y de ser practicada asiduamente por la gran mayoría de las personas. El libro del Génesis ya aleccionaba sobre el pecado de Onán, a quien el Creador condenó a morir por «desperdiciar su semilla en suelo infértil». Y hasta el siglo XIX, incluso los médicos más prestigiosos advertían con rigor que este «vicio», además de ser inmoral, causaba ceguera, epilepsia y otras enfermedades incurables. El placer sexual, en sus múltiples formas, es un regalo único de nuestro cuerpo. No obstante, el mundo del erotismo humano se expande extraordinariamente cuando añadimos la dimensión psicológica, la fantasía y el romance a las prácticas sexuales puramente corporales.

El cuerpo nos produce sentimientos dichosos cuando apreciamos su fuerza, sus aptitudes, su soltura, su agilidad, su destreza y su arte para captar y crear cosas bellas. En todas las culturas se han inventado actividades gozosas para aprovechar las posibilidades del cuerpo. Entre ellas, la danza quizá sea la más antigua y la más importante, tanto por su gracia y atractivo universal como por su diversidad y los múltiples sentidos y habilidades corporales que envuelve.

Lo mismo que nos conectamos a nuestro cuerpo, este se relaciona con el entorno a través de los sentidos. No es posible tener conciencia y disfrutar del mundo sin detectarlo antes y descifrarlo con nuestros ojos, oídos, olfato, gusto o tacto. Como escribe Diane Ackerman al principio de su obra *Una historia natural de los sentidos,* «el mundo es un manjar sabroso para los sentidos». Las personas que no gozan de todos los órganos sensoriales no pierden esta capacidad, pues compensan su carencia agudizando la sensibilidad de los demás sentidos. Por ejemplo, la escritora estadounidense Helen Keller, nacida en 1880, a los diecinueve meses sufrió una grave enfermedad neurológica y, como consecuencia, perdió la capacidad de ver, oír y hablar. No obstante, con la ayuda de Anne Sullivan, una profesora ciega, Helen aprendió a leer y a escribir con el método Braille. Para esta mujer ejemplar, el sentido del olfato se convirtió en «un hechicero poderoso que nos transporta miles de kilómetros y a los años que hemos vivido... olores instantáneos y fugaces hacen que mi corazón se dilate de alegría o se contraiga con el recuerdo de un dolor. Con solo pensar en olores, mi nariz se llena de aromas que despiertan dulces recuerdos de veranos pasados y de campos lejanos».

Los espectáculos deportivos o las competiciones olímpicas constituyen un símbolo emblemático casi universal de nuestra fascinación por las aptitudes del cuerpo humano. Como si se tratara de un trance hipnótico, en persona o a través del televisor, no podemos evitar manifestar el éxtasis y la emoción que nos produce contemplar las imágenes de hombres y mujeres que se prueban para superar la frontera de su vigor físico. Precisamente el lema de los Juegos Olímpicos, *citius, altius, fortius* —más veloz, más alto, más fuerte—, es un resumen simbólico de cómo muchos seres humanos tratan de experimentar la dicha corporal superando sus limitaciones físicas y mentales. Porque el cuerpo no produce placer simplemente con sus movimientos, sino que también necesita la participación de las facultades mentales. Al admirar a estos atletas nos sentimos seducidos por su disciplina, su concentración, su resistencia o su pureza aerodinámica. Mientras que los protagonistas experimentan una excitación casi indescriptible, seguida de una profunda sensación de bienestar, en parte producidas por la adrenalina, la dopamina, las endorfinas y otras hormonas vigorizantes y placenteras que segregan sus glándulas en acción.

En el cuerpo también se cuecen las emociones —la alegría, el enojo, la ira, el miedo, la tristeza, la sorpresa, el asco o la vergüenza—, y la cara es su principal espejo. Por ejemplo, aunque las primeras sonrisas del recién nacido suelen ocurrir durante el sueño y responden a simples descargas cerebrales sin contenido emocional, al cabo de varios días el bebé despierto sonríe de gozo cuando ha terminado de comer y se siente saciado o satisfecho. A partir de la tercera semana, la sonrisa es más intensa y se produce en respuesta a las voces o a expresiones de las personas que lo cuidan. En este sentido, la expresión sonriente de una criatura sirve también de conexión con el mundo circundante. Tiene un impacto enternecedor en las personas que la observan y provoca en ellas respuestas y comportamientos afectuosos que, a su vez, repercuten positivamente en el niño. Cuando un bebé en los brazos de su madre sonríe de placer, la madre al verlo se gratifica y ambos se conectan emocionalmente.

La risa es una expresión física de emoción agradable más intensa que la sonrisa, y consiste en la contracción simultánea de quince músculos de la cara, acompañada de respiraciones espasmódicas y de sonidos entrecortados irreprimibles. Suele aflorar en los niños entre cuatro y seis meses de edad en respuesta a estímulos táctiles, movimientos, sonidos o ademanes de personas conocidas. Al año, los pequeños se ríen de alegría ante situaciones sociales o circunstancias incongruentes o sorpresivas para ellos, como, por ejemplo, ver a la madre saltar o hacer muecas o cuando sienten cosquillas.

Desde que Charles Darwin publicó *La expresión de las emociones en el hombre y los animales,* numerosos experimentos han demostrado que existe un enlace de doble dirección entre las emociones y las expresiones faciales. Me explico: no solo nuestras emociones internas son exteriorizadas espontáneamente en nuestro rostro, sino que las expresiones emocionales en nuestro semblante, aunque sean en un principio fingidas o provocadas artificialmente, terminan por producir y colorear en nosotros sentimientos genuinos. La conexión de ida y vuelta entre las emociones y sus manifestaciones corporales fue detectada hace muchos años por el psicólogo neoyorquino William James, quien señaló, por ejemplo, que silbar una sintonía alegre en la oscuridad no solo podía neutralizar el miedo, sino que incluso podía estimular alegría en el silbador. El famoso médico español Gregorio Marañón también demostró hace medio siglo que una emoción podía ser creada simplemente ejecutando los gestos que la caracterizaban, o incluso observando estos gestos en otra persona. Hoy sabemos con certeza que las emociones pueden ser ambas cosas: el resultado y la causa de cambios químicos en el cerebro.

Volviendo por un momento al reflejo fascinante de la risa, hace años se demostró que los adultos nos reímos espontáneamente en situaciones muy diversas de regocijo, de triunfo, de asombro, de nerviosismo o de broma. Pero para reírnos con ganas debemos estar libres de tristezas. La risa es un regalo de nuestra naturaleza que va incluido en nuestro equipaje al nacer. Su función, además de representar nuestro júbilo y buen humor, es liberarnos de la tensión y el estrés que acumulamos, descargar la ansiedad y los temores reprimidos, y ayudarnos a superar situaciones disparatadas. Una buena carcajada nos oxigena, alimenta en nosotros una perspectiva jovial y despegada de las frustraciones y sinsentidos cotidianos y, en definitiva, nos alegra la vida.

Cuando nuestro cuerpo ejerce con normalidad todas sus funciones, decimos que disfrutamos de buena salud. Es curioso que la enfermedad nos turba más de lo que nos alegra la buena salud. No obstante, la salud forma parte de los cimientos sobre los que se construye nuestra calidad de vida. Un cuerpo y una mente saludables no son una garantía de felicidad, pero sí nos ayudan a buscarla. La verdad es que siempre han existido personas excepcionales muy sufridas, que ven en el tormento de la enfermedad el peaje de la fortaleza espiritual, de la santidad y hasta de la gloria eterna. Mas lo normal es que el dolor, la incapacidad, la angustia, o el mismo miedo al sufrimiento, a la dependencia, o a una muerte prematura, tanto si somos nosotros los afectados como si se trata de seres queridos, absorban nuestra atención, desgasten nuestras fuerzas y agoten nuestro entusiasmo para perseguir la dicha.

La salud es considerada por casi el 90 por 100 de las personas de los países de Occidente una de las condiciones más importantes para el bienestar. Sin embargo, no es tan valorada en los pueblos de Oriente. Aparte de la posible influencia de la cultura oriental que tiende a favorecer los aspectos más espirituales de la persona, también es cierto que el concepto de salud varía según la sociedad. Aunque la mayoría de la gente cuando alude a su salud se refiere al funcionamiento del cuerpo, este significado no es universal. Por ejemplo, la Organización Mundial de la Salud la define como el estado de «completo bienestar físico, mental y social, y no simplemente la ausencia de enfermedad».

La mejor forma de medir la salud de una persona es a través de un examen médico. Ahora bien, la mayoría de la gente no visita al doctor a no ser que se sienta indispuesta o que le preocupe la posibilidad de sufrir algún mal. Por esta razón, cuando hablamos de salud en general a menudo nos referimos al sentimiento subjetivo de bienestar físico. De todas formas, los beneficios de la salud casi siempre son silenciosos y solo los echamos de menos cuando nos sentimos indispuestos.

La importancia de la salud es más patente entre las personas mayores, para quienes el miedo a la dependencia, a la invalidez y a la soledad es una fuente principal de angustia. Con el paso de los años, los desarreglos del cuerpo nos llaman cada vez más la atención y juegan un papel más importante en nuestra autonomía y calidad de vida. Lo normal es que con el tiempo tanto el propio cuerpo como el de nuestros familiares y amigos contemporáneos tiendan a deteriorarse, y las probabilidades de morir aumenten. Por ejemplo, mientras solo el 5 por 100 de los europeos mueren antes de los cuarenta años, el 25 por 100 no llegan a cumplir los sesenta y cinco.

Nuestro estado de salud depende en gran parte de nuestro ánimo. La socióloga Ruut Veenhoven, en una revisión de unos cuarenta estudios, encontró que un alto nivel de felicidad o satisfacción en general está vinculado a una percepción positiva de la propia salud y también a una esperanza de vida más larga. Según un estudio realizado por la geriatra holandesa Dorly Deeg, en el que participaron unas tres mil personas de más de sesenta y cinco años, todos en buen estado de salud física, mental y social, que fueron seguidos de cerca durante casi tres décadas, los participantes que se sentían contentos con la vida —incluyendo los pormenores de su envejecimiento— evaluaban más positivamente su forma física y tenían una expectativa de vivir veinte meses más que la media de la población.

La incidencia y el pronóstico de las afecciones que causan muertes prematuras con mayor frecuencia —trastornos del corazón, cáncer, accidentes, cirrosis de hígado, enfermedades obstructivas pulmonares y suicidio— están influidos por el talante emocional de la persona. En parte, la relación entre estas circunstancias o enfermedades y el estado de ánimo es indirecta y se plasma a través del estilo de vida que elegimos. Por ejemplo, en comparación con las personas insatisfechas, los hombres y las mujeres que se sienten dichosos, que disfrutan de una genuina tranquilidad de espíritu y que experimentan satisfacción en sus relaciones con otras personas, tienden a adoptar hábitos más saludables, son físicamente más activos, cuidan con más esmero su nutrición, fuman menos y no suelen consumir alcohol en exceso.

Nuestra vitalidad física y emocional también depende de fórmulas que nos pueden ayudar a vivir más sanos y a mitigar los inconvenientes de nuestra inevitable caducidad. Precisamente, desde los albores de la humanidad se han elogiado las virtudes de la prevención. Los hombres y mujeres más conscientes de su vulnerabilidad eran los que mantenían más despierto su instinto de conservación. Quizá por esto, en todas las culturas abundan los proverbios que alaban las ventajas de anticipar riesgos, como «más vale prevenir que curar» o «persona precavida vale por dos». No obstante, muchas personas rehúsan tomar medidas protectoras. Entre las más reacias llaman la atención las aventuradas que muestran una tendencia natural a desafiar el peligro, a arriesgarse, a cruzar la calle con tráfico a pesar de la luz roja del semáforo. Tan intrépidas, aunque menos llamativas, son las devotas del fatalismo que mantienen una fe ciega en el destino. También hay que considerar que las conductas preventivas no dan sus frutos de inmediato, sino en un futuro. Nuestra sociedad, por el contrario, festeja los resultados rápidos, «aquí mismo» y «ahora mismo».

En los últimos veinticinco años se ha demostrado científicamente que los hombres y las mujeres que no fuman, no engordan demasiado, ni beben alcohol en exceso y ejercitan regularmente las funciones corporales y las facultades del alma: la memoria, el entendimiento y la voluntad, no solo viven más años que quienes no toman estas medidas, sino que viven mejor. Una dosis moderada de prevención reduce también las probabilidades de morir precozmente. Otra ventaja, como demostró el doctor Anthony Vita y sus colegas de la Universidad de Stanford, es que a la hora de partir de este mundo la enfermedad que ocasiona o antecede a la muerte es de menos duración o se comprime en un breve período.

La evidencia de los beneficios de la actividad física es tan convincente que, en mi opinión, todos deberíamos apuntarnos al «movimiento del movimiento». Tan solo tres sesiones de ejercicio vigoroso a la semana de unos treinta minutos, o veinte minutos de actividad moderada a lo largo del día, son suficientes. Un principio fundamental en fisiología es que la falta de uso de cualquier órgano da lugar a su atrofia y deterioro.

Para renovarnos y mantener la vitalidad de nuestro ser no tenemos más remedio que vivir con las alas de la laboriosidad y del cambio. La actividad física y mental a cualquier edad nos permite luchar contra el implacable reloj biológico, incluso cuando el tiempo conspira para robarnos la energía, el equilibrio y la resistencia. La expectativa de una buena calidad de vida ya no es el privilegio de unos pocos, sino el destino de la mayoría. Por eso, hoy las invalideces prematuras resultan tan chocantes, indefendibles y crueles.

La esencia del ser humano, sin embargo, implica mucho más que el mundo tangible de la biología, más que la capacidad de dominar nuestro entorno, más que la facultad de producir y expresar emociones y más, incluso, que la habilidad para crear belleza con los instrumentos de que dispone nuestro cuerpo. De hecho, a través de milenios hemos revestido la simple necesidad instintiva de transmitir nuestros genes con el manto sublime del romance, el amor de pareja y el ambiente familiar, donde se crean los vínculos resistentes de cariño y apoyo mutuo que configuran los cimientos de la misma sociedad. Como dice el médico Sherwin B. Nuland, «nuestro instinto de continuidad nos estimula a unirnos con otra persona para así encontrar placer y sentir alegría. Pero nuestra dicha no solo brota de la fusión sexual física, sino también de la propia relación y, a menudo, de sus frutos —los hijos— y del sentido de posteridad que estos nos garantizan».

Pienso que para entender mejor la parte en nosotros que comprende, quiere, siente, imagina, fantasea, sueña o tiene fe, es importante entender el cuerpo. La espiritualidad, a fin de cuentas, tiene fundamentos biológicos. Pero con esto no quiero decir que nuestro destino esté exclusivamente en manos de la biología. Esta sería una visión demasiado pobre, reduccionista y limitada. La biología nos da las herramientas, pero nosotros las utilizamos para crear nuestro mundo espiritual. En el fondo, el alma sin el cuerpo es un alma incompleta y el cuerpo sin el alma es un cuerpo mutilado. El alma es el destello del cuerpo, y el cuerpo es el reflejo del alma.

Generalmente experimentamos la espiritualidad como un sentimiento gratificador de conexión emocional genuina, profunda, serena y sosegada con algo que se encuentra fuera de nosotros. Este algo, que terminamos haciendo parte de nuestro ser, puede pertenecer al reino de lo divino o al mundo de lo humano; puede ser una causa, como la libertad, la solidaridad, la justicia, la paz o la bondad, o puede ser el resultado de una sintonización especial con la naturaleza o incluso con el mismo universo. Nuestro espacio espiritual no tiene necesariamente que incluir dogmas religiosos, ni doctrinas filosóficas, ni nociones sobrenaturales, ni siquiera los conceptos de alma inmortal o de otra vida basados en la convicción, más o menos razonada, de que «tiene que haber algo más».

El ser humano siempre ha tenido hambre de espiritualidad. Esta necesidad ha sido representada de formas muy diversas, dependiendo del conocimiento, de las prioridades, de los anhelos y los miedos de la época. Sospecho que el ingrediente de la espiritualidad que más buscamos es la esperanza. Todos necesitamos sentir ilusión y todos, en algún momento, requerimos promesas de alivio, de descanso y de curación. Unas veces estas ofertas de consuelo provienen de nuestros seres queridos, otras veces de compasivos expertos del dolor que nos aqueja, o de profetas con línea directa a un dios; pero no pocas veces la esperanza procede de nuestra propia esfera espiritual, de nuestras voces internas.

Muchos hombres y mujeres que soportan enormes privaciones y sufrimientos se mantienen animados gracias a la esperanza de que la maldad, las calamidades, las injusticias o las enfermedades que les afligen no tendrán la última palabra. La esperanza es una fuerza que nos impulsa a vivir, y en nuestro ir y venir cotidiano nos ayuda a mantenernos seguros y confiados. Casi todos nos casamos con la ilusión de ser felices, seleccionamos una ocupación porque creemos que nos gratificará y viajamos en avión de aquí para allá porque tenemos fe en el piloto. Casi todos apostamos nuestras vidas por la esperanza que albergamos en el destino humano.

La perspectiva optimista del futuro modera nuestras ansiedades, amortigua nuestros desengaños y hace más llevaderas las cargas que nos impone la vida. La creencia en un «más allá» también ayuda a tolerar mejor la muerte y nos anima a pensar que nuestro paso por el mundo tiene un valor único. Pues lo que vale la pena preservar no tiene más remedio que ser valioso. Pero también es verdad que la convicción de nuestra irremediable caducidad nos empuja a luchar con un tesón especial por superar los inconvenientes que se cruzan en nuestro camino y nos estimula a apreciar más la vida presente y a valorar sus pequeños deleites.

La espiritualidad nos permite sublimar nuestros impulsos o aplicarlos a causas altruistas y creativas, contribuir abnegadamente a la sociedad, tener fe en ideales y encontrar un propósito a nuestra existencia. Estos son, precisamente, los componentes de la prescripción que recomienda Simone de Beauvoir para superar muchos de los retos que nos plantea la vida: «La solución es fijarnos metas que den significado a nuestra existencia, esto es, dedicarnos a personas, grupos o causas. Sumergirnos en el trabajo social, político, intelectual o artístico. Desear pasiones lo suficientemente intensas que nos impidan cerrarnos en nosotros mismos. Apreciar a los demás a través del amor, de la amistad, de la compasión. Y vivir una vida de entrega y de proyectos, de forma que podamos mantenernos activos en un camino con significado, incluso cuando todas las ilusiones hayan desaparecido y nuestro fervor por vivir se haya marchitado».

En definitiva, la espiritualidad nos ofrece lo que el poeta polaco del siglo XIX Cyprian Norwid resumió de esta forma: «tener algo de qué vivir, tener algo por lo que vivir, y tener algo por lo que morir».

Casi todas las doctrinas o religiones que promulgan o infunden esperanza acaparan leales seguidores. La felicidad que estas ideas proporcionan a sus fieles, sin embargo, no es prueba de su validez científica. No son pocos los locos que encuentran la dicha en las visiones más delirantes e inverosímiles. Pero lo que sí es un hecho comprobado es que las personas que alimentan creencias religiosas esperanzadoras, independientemente de su lógica o racionalidad, se sienten más satisfechas con la vida que quienes no las sustentan.

Numerosas investigaciones en Europa y Estados Unidos, detalladas por Michael Argyle y David Myers, revelan consistentemente que las personas religiosas dicen sentirse más contentas que las que no lo son. Estos resultados han sorprendido a muchos expertos que suponen que la religión restringe las posibilidades de buscar la dicha o es sencillamente irrelevante. Por ejemplo, un estudio de nueve mil europeos, dirigido por Robert Witter, halló que entre quienes se consideraban «muy felices» el 16 por 100 se identificaban como ateos, el 19 por 100 agnósticos y el 25 por 100 creyentes. En otra investigación de Margaret Poloma que incluyó unas ciento cincuenta mil personas de catorce países, el grupo que se consideraba más satisfecho con la vida incluía 86 por 100 de los que iban a la iglesia todas las semanas. En las personas mayores, de hecho, el factor que mejor predice el bienestar subjetivo, aparte de la salud, es la religiosidad.

Los efectos de la religión son especialmente significativos en la autoestima de las personas creyentes si el concepto de Dios en el que confían es el de un ser amoroso, benigno, tolerante y protector que ofrece aceptación incondicional. El investigador Andrew Greeley demostró que en las personas religiosas al parecer se forma una relación entre el concepto de Dios y el concepto de sí mismas. Como apunta David Myers, la historia de Pinocho ilustra muy bien nuestra necesidad de aceptación por parte de un ser superior. A medida que Pinocho se cuestiona, confundido y ansioso, su identidad y su propia valía, llega al momento en que no puede tolerar más su angustia y decide dirigirse pensativo a Gepeto, su creador carpintero: «Papá, no estoy seguro de quién soy. Pero si tú crees que estoy bien tal y como soy, me imagino que estoy bien como soy».

Las personas que tienen fe y confían en fuerzas superiores soportan mejor las experiencias traumáticas de la vida, como la muerte de un ser querido, el divorcio, el desempleo inesperado o las enfermedades graves. A menudo la religión conecta a la persona a una comunidad comprensiva y benevolente, fomenta la aceptación de los contratiempos, ofrece un foco de luz más allá de uno mismo y presenta una perspectiva más aceptable de las adversidades, incongruencias y tragedias de la existencia.

Poco a poco la religión se está convirtiendo en algo menos masivo y ritual, en algo más individual y personal. Recientes encuestas en Europa y Estados Unidos demuestran que, mientras el 75 por 100 de los participantes están de acuerdo con la idea de que creer en un dios es muy importante, solo el 56 por 100 opina que practicar una religión concreta lo es. Un estudio sobre perfiles de actitud en España indica que la mayoría prefiere casarse por la Iglesia en caso de establecer una relación estable. Sin embargo, estas mismas personas apoyan el derecho a la eutanasia, a tener hijos sin estar casadas, al divorcio, al aborto como decisión de la mujer y a practicar la opción personal de la homosexualidad. En Estados Unidos, mientras el 81 por 100 de los hombres y las mujeres creen que después de morir alguna parte de ellos sobrevive y el 73 por 100 se identifica con alguna religión, la mayoría también piensa que respetar las libertades individuales es fundamental, aunque sean inconsistentes con sus propios principios religiosos. El 50 por 100 opina que la mejor religión es la que adopta una mezcla de valores y creencias de varias religiones.

La figura proverbial de un dios todopoderoso con apariencia humana, que habita en el cielo, hace milagros, dicta lo que está bien y lo que está mal, premia a los buenos y castiga a los malos, se está transformando en una imagen más abstracta, pero igualmente capaz de consolar, de infundir esperanza, de suscitar amor, de aliviar la desesperación de los desafortunados y de dar significado o propósito a la vida.

Mucha gente cree en «algo sagrado», un concepto o entidad al que no necesariamente llaman dios. Lo que casi todos comparten, a pesar de las diferencias en sus credos, es la convicción de que la vida tiene sentido y de que la paz con uno mismo, el amor al prójimo y la bondad realmente importan. De hecho, el 73 por 100 de las personas en los países de Occidente piensan que los seres humanos somos intrínsecamente buenos cuando nacemos. El valor de ciertas virtudes espirituales como el altruismo, el sentido de justicia y la benevolencia no ha menguado a consecuencia del descenso de la popularidad de los dogmas religiosos. Sospecho que estas cualidades humanas nunca se devaluarán, porque el mismo instinto biológico de conservación que nos impulsa a sobrevivir y a propagarnos también estimula la solidaridad. Cada día se acumulan más datos científicos que demuestran que las tendencias altruistas y los atributos bondadosos están programados en nuestro equipaje genético y alimentan el motor imparable de la evolución y mejora de la especie. Incluso las criaturas de dos años ya se turban o reaccionan con tristeza ante el sufrimiento de personas cercanas y hacen intentos rudimentarios para consolarlas. Igualmente se ha demostrado una relación entre el sentimiento de dicha de la persona y la tendencia a ayudar a otros.

En realidad, no existe incongruencia entre las fuerzas biológicas y las cualidades espirituales de las personas. La historia y el día a día demuestran que la mayoría de hombres y mujeres que buscan la felicidad aspiran, entre otras cosas, a disfrutar de un sentido de espiritualidad y a practicar virtudes altruistas. Y es que, en el fondo, como ya he mencionado en alguna obra anterior, los seres humanos somos herederos de un talante benevolente y solidario que se ha solidificado a lo largo de milenios. Es comprensible que sean pocos los inclinados a distraerse con el largo y duro camino de la evolución a la hora de admirar la espiritualidad o la bondad humanas. Pero la realidad es que la mayoría de las personas intuyen, más o menos conscientemente, que nuestra tarea diaria consiste en convivir los unos con los otros y que el mejor negocio de la humanidad es el bien común.

Los seres humanos tenemos una tendencia innata a perseguir el bienestar emocional a través de la convivencia y la solidaridad. Las relaciones generosas con otras personas son la fuente más rica de felicidad. Todos o casi todos aprendemos con el tiempo esa ley natural tan provechosa según la cual la mejor manera de conseguir la felicidad y demás cosas que anhelamos en la vida, como la seguridad, la libertad o la paz interior, es sencillamente proporcionarlas a los demás.

Todos estamos equipados con genes y circuitos neuronales que nos impulsan a la acción y a creer en aquello que beneficia nuestra supervivencia y nos hace sentirnos felices, incluyendo, entre otras cosas, la necesidad de preservar un cuerpo sano y de sustentar las cualidades del alma. Me imagino que tales tendencias son antiquísimas. Se desarrollaron originalmente y se mantienen en la actualidad porque ayudan a conservar nuestra especie y a encontrar la dicha. En este sentido, la felicidad es el trofeo que recibimos por obedecer a nuestros impulsos naturales.

TERCERA PARTE

9
LAS SEMILLAS DE LA DICHA

«Los genes cantan tentadoras canciones prehistóricas que debemos resistir, pero nunca ignorar.»

TOM BOUCHARD, *Estudio de mellizos,* 1990

A pesar de las interminables vicisitudes, prósperas y adversas, que configuran nuestro camino por el mundo, el nivel general de felicidad de la mayoría de las personas tiende a mantenerse relativamente constante a lo largo de la vida. Parece que desde que nacemos hasta que morimos albergamos una determinada predisposición para sentirnos dichosos. Quizá esto explique el que las biografías de grandes personajes históricos, o las mismas semblanzas sencillas de parientes y conocidos que hacemos los profanos, casi siempre concluyan encasillando con rotundidad al protagonista en el grupo de los felices o en el de los desgraciados.

La noción de que cada persona experimenta un grado de dicha propio que, por lo general, perdura con el tiempo ha sido respaldada por varios investigadores en estudios de miles de individuos observados durante años. Los sujetos más contentos al comienzo de la evaluación eran los más satisfechos décadas después, y los más disgustados al inicio eran los más infelices al final. Esto nos lleva a concluir que, aunque todos experimentamos altibajos en el día a día, tanto los efectos gratificantes de las recompensas como los desconsuelos que nos producen las malas rachas son sorprendentemente pasajeros. Como ya hemos visto, el dinero no suele cambiar de forma radical nuestro sentimiento de dicha, excepto en personas muy pobres o necesitadas. Incluso los afortunados en la lotería no se consideran más felices un año después del premio. Igualmente, bastantes personas que quedaron inválidas en accidentes imprevistos, al cabo de un tiempo recuperan el mismo grado de satisfacción con la vida que sentían antes del percance. Ni la edad, ni el sexo, ni la apariencia física, ni la ocupación, ni el cociente de inteligencia influyen en nuestra propensión a encontrar la felicidad. Estas condiciones nos pueden hacer sentir algo más o menos afortunados, pero a largo plazo ejercen un impacto mínimo sobre nuestra escala general de bienestar.

Me imagino que si situáramos el nivel de felicidad típico de cada individuo en un punto concreto de una línea continua encontraríamos que en un extremo se agruparían los afortunados que gozan de una alta predisposición a la alegría y a la paz interior, todos aquellos que disfrutan de una buena capacidad para adaptarse y para resistir los aguijonazos del vivir. En el otro extremo de la línea se congregarían los propensos a la desmoralización y a la tristeza, los inadaptados y los más vulnerables a los avatares hostiles de la vida.

La razón de que tengamos un nivel de dicha tan estable es que nuestro estado de ánimo predominante depende, en parte, de los genes que traemos al mundo y de la influencia que estos ejercen sobre la formación de nuestro cerebro y las redes neuronales que lo configuran y, por consiguiente, sobre el desarrollo de los rasgos de nuestra personalidad.

Este poder de los genes se observa con singular claridad estudiando mellizos, que fue lo que hizo el profesor de Psicología de la Universidad de Minnesota David Lykken. Este investigador evaluó metódicamente el grado de satisfacción con la vida de unos setecientos pares de gemelos idénticos o portadores de los mismos genes —también llamados univitelinos porque surgen del mismo zigoto o célula huevo que resulta de la unión del espermatozoide masculino con el óvulo femenino—. Los trabajos de Lykken y sus colaboradores demostraron que aproximadamente el 40 por 100 de la felicidad viene controlado por factores genéticos, lo que explica que sus parejas de mellizos idénticos manifestaran niveles de satisfacción con la vida bastante parecidos. Estos resultados ocurrían incluso en las parejas que habían crecido desde el nacimiento en hogares diferentes y entornos sociales totalmente separados. Por el contrario, las cotas de satisfacción de los gemelos desiguales o bivitelinos, incluidos los que fueron criados juntos por sus padres biológicos en el mismo hogar, eran tan desiguales como las que pudieran experimentar dos personas sin relación alguna elegidas al azar.

Estos experimentos han dado pie a que algunos expertos crean que estamos genéticamente predestinados a gozar, o a sufrir, una cuota de felicidad invariable, sobre la que no podemos influir mucho. Tratar de ser más felices, señalan, es algo así como intentar ser más altos o pretender cambiar el color natural del pelo o de los ojos. Otros equiparan la dicha con el peso: engordamos y adelgazamos, pero a través de los años nos mantenemos entre unos límites bastante fijos que marca nuestra constitución innata. De hecho, los avances de la ingeniería genética, las nuevas técnicas de clonación y el reciente desciframiento del genoma humano y sus decenas de miles de genes que forman el «libro de la vida» han empujado a algunos científicos a glorificar el determinismo de los genes y a soñar con un futuro no muy lejano en el que será posible replicar a las personas felices y eliminar los males innatos que interfieren con la dicha.

La interpretación superficial y reduccionista de la biología con frecuencia trivializa la importancia del entorno en que nos desarrollamos y aparta nuestra atención de las circunstancias bajo nuestro control que influyen en nuestra felicidad. Algo que los genetistas y clonadores fantasiosos ignoran es que para reproducir un doble idéntico o clon de, digamos, Wolfgang Amadeus Mozart no solo necesitaríamos contar con su código genético exacto, sino además con el útero de su madre, las clases de música de su padre, sus amigos, y con la influencia de sus predecesores y del ambiente en la sociedad austriaca del siglo XVIII. No son pocas las criaturas de gran potencial innato para la felicidad cuyas vidas se arruinan sencillamente por criarse en un ambiente hostil o empobrecido.

En cuanto a los ilusionados con el uso del genoma para suprimir un día todas las fuentes genéticas de desgracias humanas —y yo me encuentro entre ellos—, la realidad es que, por desgracia, tendrán que pasar varias décadas antes de que la humanidad pueda disfrutar de los beneficios de este extraordinario descubrimiento. Para empezar, todavía no sabemos con exactitud cuántos genes hay —se calculan entre cincuenta y cien mil—, no conocemos con precisión los genes responsables de la salud, ni los que causan enfermedades, ni mucho menos los encargados de crear los rasgos de nuestro temperamento. Tampoco podemos distinguir entre los genes que producen mensajes de significado biológico y sus inocuos detritus o genes «basura». Los sabios han descubierto el «libro de la vida», pero todavía no hemos aprendido a leerlo.

Aunque la idea de la autoridad casi absoluta de los genes es atractiva para mucha gente, la realidad es que el dominio que ejerce el ADN o la estructura genética que heredamos de nuestros progenitores sobre nuestra felicidad es solamente parcial. No es prudente descartar el papel que desempeñan en la formación de nuestro carácter o nuestra manera de ser las vicisitudes del embarazo, los apuros del parto y los estímulos saludables y nocivos del ambiente social en que nacemos, maduramos y vivimos.

Tanto el peso de los genes como la trascendencia de la crianza en la configuración de nuestro carácter han sido intuidos por lo menos desde el siglo XIX, cuando el monje Mendel formuló los principios de la herencia y el psiquiatra Freud demostró el poder de la infancia en moldear nuestra suerte. A pesar de todo, la competición entre la influencia de los genes y el impacto que ejercen en nosotros las experiencias de la vida continúa siendo tema de controversia a la hora de explicar la formación de la personalidad y las posibilidades de ser felices o desdichados.

Dos conceptos biológicos que nos ayudan a entender mejor la cuestión de si nacemos o nos hacemos son el genotipo y el fenotipo. El genotipo es el conjunto de genes que heredamos de nuestro padre y de nuestra madre. El fenotipo es el resultado del contacto de nuestros rasgos genéticos con el útero materno en el que nos formamos desde la concepción, y el medio familiar, social y cultural en el que crecemos y existimos una vez nacidos. El fenotipo se refleja en nuestro aspecto físico, nuestro temperamento y nuestras tendencias y conductas. Las condiciones del ambiente —como, por ejemplo, la nutrición, las relaciones familiares o los avatares de la vida— pueden favorecer o restringir el desarrollo de nuestros potenciales innatos. El fenotipo, naturalmente, cambia a lo largo de la vida porque nuestras circunstancias, nuestro cuerpo y nuestra mente evolucionan con los años.

En el fondo, un sinnúmero de ingredientes genéticos y ambientales logran completar esta especie de milagro que es el ser humano. Ningún rasgo de nuestro cuerpo o atributo del alma puede explicarse sin considerar la contribución de todos y cada uno de ellos. La vieja dicotomía de responsabilizar exclusivamente a unos o a otros solo conduce a conclusiones simplistas e inservibles. En la actualidad la noción predominante y, en mi opinión, la más sensata defiende que los seres humanos nacemos y nos hacemos.

Las semillas de la felicidad, tanto las innatas como las adquiridas, pueden ser alteradas o debilitadas por genes nocivos que nos predisponen a sufrir trastornos incapacitadores físicos o mentales que consumen nuestro capital de contentamiento. Cada día se descubren nuevos elementos genéticos relacionados con la aparición de enfermedades devastadoras, como la demencia de Alzheimer, la esquizofrenia, la diabetes infantil, ciertos cánceres y algunos procesos degenerativos musculares o del sistema nervioso. Pero las simientes de la alegría también pueden ser dañadas o destruidas por los efectos de experiencias traumáticas demoledoras, por las consecuencias del abandono, los malos tratos y los abusos durante la infancia, y por otros venenos más comunes que analizaré en el próximo capítulo como, por ejemplo, la depresión o el miedo.

Un hecho a considerar a la hora de examinar las semillas de nuestra dicha es la gran plasticidad del cerebro o la capacidad de transformarse que posee nuestro sistema nervioso central en respuesta a los estímulos del entorno, en especial durante los primeros diez o doce años de la vida. Desde que nacemos hasta que maduramos el tamaño de nuestro cerebro se cuadruplica y el florecimiento de sus potenciales no solo obedece a las directrices del programa genético, sino que depende en gran manera de las circunstancias.

El cerebro del bebé está, literalmente, esperando los estímulos externos para formarse. Los genes dirigen el proceso de desarrollo cerebral hasta que venimos al mundo, pero una vez nacidos la influencia del medio predomina en la formación de los circuitos y entramados de neuronas que configuran nuestra materia gris. Por ejemplo, si se priva a un recién nacido de estímulos visuales durante los primeros meses de vida, el área óptica localizada en el lóbulo occipital de su cerebro se daña y la criatura pierde permanentemente la capacidad de ver con normalidad, a no ser que el problema se corrija antes de que transcurran cinco años. Igualmente, si dejamos de utilizar un órgano, la parte del cerebro encargada de regularlo se atrofia. Días después de sufrir una mastectomía o la amputación de un brazo o una pierna se producen alteraciones en el mapa sensorial de la zona del cerebro encargada de dirigir el funcionamiento de estas partes del cuerpo.

Los recién nacidos están programados para buscar la gratificación de sus necesidades básicas de comida y de comodidad. A los pocos días de nacer ya se relacionan activamente con el entorno. A medida que maduran, el intercambio con el mundo que les rodea se hace más complicado e intenso. El continuo flujo de imágenes, sonidos, olores, caricias y, sobre todo, de palabras acompañadas de contacto visual y emocional forjan la organización cerebral de los niños. Se ha demostrado que los pequeños progresan más rápidamente con cuidadores que no solo son responsables y cariñosos, sino además expresivos y habladores. A los seis meses las criaturas reconocen las voces de su lengua materna. Durante el primer año de vida los estímulos verbales ayudan a formar la base neurológica que les va a permitir razonar y adaptarse. De hecho, se ha demostrado que para la maduración saludable de los cimientos del pensamiento que se establecen en los primeros años de vida la conexión con otras personas por medio de palabras constituye un estímulo muy poderoso.

Es obvio que el cerebro normal madura tanto en medios dinámicos y activos como en atmósferas silenciosas y taciturnas. Todos los niños sanos aprenden a sentarse, a gatear, a andar, a comer solos y a comunicarse con otros. Pero la habilidad para conceptualizar, entender, evaluar y decidir en una sociedad tan diversa, compleja y tecnológica como la nuestra no brota espontáneamente. Con esto no quiero decir que debamos bombardear día y noche a los niños pequeños con instrucciones y mensajes, pues cuando la mente se expone a estímulos excesivos se abruma, se autoprotege y se apaga. Lo más importante es conectar con el bebé y crear lazos emocionales positivos a través de la comunicación cariñosa verbal y no verbal.

Poco a poco los pequeños perfeccionan su propio sentido de sí mismos como seres separados de los demás y se hacen más conscientes de sus propios talentos y limitaciones. A los pocos meses conectan con las emociones de quienes les rodean y buscan complacer a sus cuidadores, y si detectan en ellos sufrimiento expresan de forma rudimentaria sentimientos de compasión y desasosiego. Las primeras relaciones son particularmente importantes, pues las criaturas imitan e incorporan a su carácter muchos de los atributos que observan en las personas del entorno inmediato.

La formación saludable de la personalidad requiere la satisfacción de ciertas necesidades esenciales: alimento, seguridad, amparo de las inclemencias del medio ambiente, calor humano, ternura, apoyo, comprensión y estímulo por parte de adultos estables y cariñosos. Si estas necesidades biológicas y emocionales se satisfacen, los pequeños desarrollan el sentido de confianza en sí mismos y en los demás. El reconocido psicólogo inglés John Bowlby y otros muchos expertos en la infancia han demostrado que las relaciones con otras personas son el centro alrededor del cual gira la vida de los niños. Las uniones afectivas gratificantes promueven su crecimiento físico y psicológico saludable y alimentan su capacidad de dicha, mientras que la separación abrupta y prolongada de sus seres queridos, especialmente si esta ocurre en los primeros doce meses de vida, produce en ellos miedo, rabia, tristeza y apatía.

Las manifestaciones de gozo en respuesta a actividades sociales placenteras, el sentido de destreza o de control de su entorno y el sentimiento de autoestima surgen poco a poco a lo largo de los primeros dieciocho meses de vida. La conciencia de felicidad brota aproximadamente a los tres años. Aunque a esta edad los pequeños también pueden experimentar emociones negativas como temor, ira, vergüenza y culpa.

El medio social instruye e inculca en niños y niñas creencias, ritos, normas y acuerdos que utilizarán de mayores para percibir e interpretar su mundo. En general, las pautas culturales nos guían y nos regulan. Nos ayudan a forjar ideales, valores, aspiraciones y costumbres que forman la base de nuestras actitudes y nuestros comportamientos. La influencia de la sociedad se refleja en lo que decimos y en lo que hacemos, en las explicaciones que damos a los sucesos que vivimos, en nuestros prejuicios, intereses y prioridades.

Un entorno familiar entrañable, protector y estimulante nutre las semillas de la felicidad: la autoestima, el optimismo, la sensación gratificante de pertenencia a un grupo, el placer del juego en equipo, el sentido de hermandad y la empatía o la aptitud para ponernos con afecto y comprensión en las circunstancias ajenas. Por el contrario, bajo condiciones perjudiciales de abandono, inseguridad, privación y carencia de afecto las criaturas tienden a adoptar un talante desconfiado, dubitativo, pesimista, introvertido y temeroso. Estos pequeños desafortunados se sienten inferiores e indefensos en un mundo que perciben cargado de rechazo y hostilidad. Los ambientes familiares nocivos alteran la habilidad de los niños para relacionarse, interfieren con su disposición para la intimidad y destruyen la facultad natural para verbalizar sentimientos.

La percepción de los demás como personas compasivas y generosas, y no como individuos indiferentes, egoístas o despiadados, ayuda a los pequeños a relajarse, a sentirse seguros, a confiar, a socializar y a disfrutar de las relaciones con otras personas. Todas estas actitudes y conductas están enlazadas a un nivel alto de satisfacción con la vida en los adultos.

El conocido psicólogo Erik H. Erikson describió el ciclo de la vida en fases consecutivas, durante las cuales adquirimos los atributos fundamentales que nos ayudan a sentirnos satisfechos y realizados: confianza, autonomía, iniciativa, intimidad, productividad e identidad. Según Erikson, las experiencias dañinas de la infancia y la adolescencia nutren las raíces de los sentimientos opuestos, como la desconfianza, la duda, el autodesprecio, la desidia, la confusión de identidad y la desesperanza.

La suerte de las semillas de la dicha es inevitablemente sombría para los niños atrapados en hogares inestables, violentos o cargados de terror. Las experiencias de abusos continuados socavan en las criaturas los principios que dan sentido a la vida, minan la confianza, descomponen los mecanismos de defensa, erosionan la capacidad de adaptación y destruyen el sentimiento de conexión con el mundo circundante. Las criaturas maltratadas se enfrentan con retos formidables: deben sobrevivir a un ambiente impregnado de crueldad y, simultáneamente, tienen que encontrar la forma de convivir con sus verdugos. Buscan temerosas un mínimo de seguridad y tratan de mantener el dominio de sí mismas en situaciones de total indefensión. Después de todo, el maltrato infantil es una aflicción de desvalidos. Las víctimas están sometidas a fuerzas abrumadoras. Incapaces de protegerse o de eludir a sus explotadores, se someten, se desconectan del mundo y se distancian de la realidad hasta perder el sentido de quiénes son. Lo que es peor, la mayoría de estos niños y niñas terminan por culpabilizarse a sí mismos, convencidos de que la causa de su precaria situación es su propia maldad innata.

Cuando nos sentimos indefensos o impotentes ante las amenazas a la integridad psíquica, física o a la misma vida nos invaden la angustia y el terror a la aniquilación. Hay veces que, incluso pasado el peligro, el sistema humano de autoconservación se pone en estado continuo de alerta, como si la agresión pudiera retornar en cualquier momento, lo que hace que nos asustemos con facilidad, que reaccionemos con irritabilidad a provocaciones sin importancia y que experimentemos dificultad para relajarnos o conciliar el sueño. Y mucho después de desaparecer el riesgo, la situación aterradora se entromete en nuestra vida diaria como una obsesión cargada de escenas estremecedoras retrospectivas y altera la normalidad de nuestra existencia. Estos síntomas forman parte de un estado emocional devastador que en psiquiatría se llama *trastorno por estrés postraumático.*

Numerosas pruebas científicas demuestran el papel preeminente que desempeñan las experiencias traumáticas durante la infancia en el desarrollo del cerebro y en la incidencia en la edad adulta de trastornos emocionales crónicos como ansiedad, ataques de pánico y depresión. Los niños y las niñas que son abandonados, maltratados o abusados sexualmente tienen el cuádruple de probabilidades de sufrir depresión y de intentar suicidarse de mayores que quienes no han sido objeto de estas injurias. Investigaciones rigurosas llevadas a cabo por Christine Heim, de la Universidad de Trier, en Alemania, y Charles Nemeroff, de la Universidad de Emory, en Estados Unidos, por ejemplo, revelan que mujeres que fueron maltratadas físicamente o abusadas sexualmente durante su infancia, por lo menos una vez al mes durante un año, manifiestan una respuesta exagerada y anormal en situaciones de mínimo estrés. Concretamente, muestran un pulso mucho más rápido y niveles de sustancias reguladoras de estrés, como la hormona adrenocorticotrópica y el cortisol, hasta seis veces más altos. La hipersensibilidad al estrés del cerebro de estas mujeres —y no hay razón alguna para sospechar que los hombres no hubieran reaccionado de la misma forma— representa una prueba más del impacto que ejerce el ambiente y, sobre todo, las experiencias infantiles en el desarrollo del cerebro y la personalidad de los seres humanos.

Estudios recientes demuestran irrefutablemente que el maltrato de niños es más común en los hogares donde cohabitan las privaciones, la ignorancia, la inseguridad y la desesperación. A menudo se trata de pequeños criados por madres o padres impulsivos y propensos al abuso del alcohol o de las drogas, mal preparados y sin recursos afectivos, ni materiales ni sociales. Muchas de estas criaturas llegaron al mundo en contra de la voluntad de sus padres.

Está comprobado que los hijos indeseados son las criaturas más infelices, y cuando llegan a la edad adulta expresan más insatisfacción con la vida y sufren una incidencia mucho más alta de trastornos de conducta, alcoholismo, depresión y suicidio que los pequeños que vienen a este mundo deseados por sus padres, especialmente la madre. Por este motivo, la prevención de esta fuente indisputable de desdicha debe comenzar con la planificación familiar, evitando los embarazos indeseados. El ambiente del hogar debe ser un foco principal de cualquier intervención, en particular la prevención de los malos tratos y la explotación de las criaturas. También merece especial consideración el tratamiento precoz de los trastornos del desarrollo infantil, tanto físicos como emocionales, los retrasos en el lenguaje, los problemas de conducta y la tristeza.

Pienso que, quizá, la mejor forma de prevenir la infelicidad a largo plazo sea lograr la convicción general de que el derecho de nacimiento de todas las criaturas implica el crecimiento libre de abusos y crueldades. La condición para disfrutar de este derecho es la satisfacción de la necesidad de amor. El amor satisfecho fomenta la autoestima, la confianza, la bondad y la capacidad para ser felices. El amor frustrado, por el contrario, produce depresión, odio y miseria. Las raíces más nocivas y evitables de la desdicha son la mutilación del espíritu de un niño y la deformación de su carácter por medio del abandono, del abuso o de la violencia. Porque semejantes daños socavan fatídicamente en los pequeños los sentimientos vitales de autoestima, confianza, optimismo y esperanza, sin los cuales están destinados a la desgracia.

La gran mayoría de los seres humanos nacemos con un patrimonio genético que contiene las semillas que nos predisponen a sentirnos contentos y a disfrutar activamente de nuestras experiencias en el mundo. Dependiendo de la calidad del medio familiar y social, de las situaciones que vivimos, de las opciones a nuestro alcance y de los caminos que elegimos, estos granos pueden germinar con fuerza o mantenerse latentes, pueden medrar o fallecer.

Me imagino que las semillas de la felicidad ya se incubaban en los cromosomas de nuestros antepasados de hace varios cientos de miles de años. Y gracias a que pasaban de generación a generación, la especie humana ha evolucionado para mejor, pues las conductas que nos hacían felices eran las mismas que nos ayudaban a adaptarnos y a sobrevivir. De todas formas, sospecho que el nivel de satisfacción de los hombres y las mujeres con la vida tiene menos de herencia genética y más de triunfo personal y colectivo. En el fondo, nuestra verdadera herencia es la propia capacidad para hacernos a nosotros mismos y para moldear a nuestros descendientes, mas no como esclavos del destino, sino como sus forjadores.

10
LADRONES DE LA FELICIDAD

«El sufrimiento nos amenaza desde tres direcciones: desde nuestro propio cuerpo, que está condenado a pudrirse y disolverse y ni siquiera puede prescindir del dolor y la ansiedad como señales de advertencia; desde el mundo exterior, que puede encolerizarse en contra nuestra con fuerzas de destrucción abrumadoras e inexorables; y, finalmente, desde nuestras relaciones con otras personas.»

SIGMUND FREUD, *El malestar en la cultura,* 1930

En el camino tortuoso de la vida los hombres y las mujeres nos enfrentamos en algún momento a males implacables muy poderosos que intentan arrebatarnos la dicha. Los más comunes son el dolor, el miedo, el odio y la depresión.

El dolor es, por definición, una sensación molesta y aflictiva incompatible con el bienestar, pese a que a menudo nos ayuda a mantenernos vivos. Su función natural es servirnos de alarma biológica que nos anuncia un problema o desarreglo en una parte del cuerpo, por causas internas o externas, y nos empuja a tomar medidas para corregirlo. Es difícil concebir la supervivencia del ser humano sin dolor. Como nota curiosa, hay unos pocos individuos que nacen con ausencia congénita de dolor, un trastorno neurológico bastante raro que inhabilita permanentemente los centros del cerebro encargados de crear la sensación dolorosa. Estas personas, que no saben lo que es sentir dolor, suelen ser joviales, optimistas y poco miedosas. Desafortunadamente, pagan un alto precio por vivir en un mundo sin dolor. Por ejemplo, se lastiman con frecuencia las articulaciones porque no se dan cuenta cuando las doblan demasiado, o sufren quemaduras graves pues no se apartan del fuego hasta que ven o huelen su piel quemada, y no se percatan de heridas o de fracturas serias hasta que no observan la sangre o la deformación del hueso. Con el tiempo, su inmunidad al dolor les lleva a la muerte prematura a causa de enfermedades silenciosas o lesiones indoloras que no se descubrieron a tiempo.

El dolor nos asiste desde muy pequeños a ser conscientes de los riesgos del entorno y a prestar atención a las averías de nuestro cuerpo. Sin embargo, es un aliado traicionero. Nos avisa de peligros, pero también puede arruinarnos la vida.

Si bien la medicina cuenta hoy con poderosos remedios analgésicos, hay dolores crónicos tan intensos e indomables que consumen la alegría y la ilusión de los más entusiastas. Un ejemplo es el martirio de los enfermos de neuralgia del nervio facial trigémino o *tic douloureux*. Solo un pequeño movimiento, una sonrisa, un suave roce del rostro o la caricia de una simple brisa inocente desatan de repente un dolor lacerante insufrible en la cara que muchos describen como una puñalada retorcida que les llega hasta la misma médula del hueso. La existencia cotidiana de estos atormentados se centra en los ataques de agonía repentinos y en el pánico abrumador al próximo episodio inesperado, lo que explica su tentadora inclinación al suicidio.

Otros ejemplos de males despiadados son los cánceres que invaden centros neurálgicos o los huesos. Ciertas enfermedades crónicas del cerebro, del corazón, de los pulmones, del riñón y de otros órganos vitales, o las secuelas de traumatismos graves, sin ser tan dolorosas, pueden causar incapacitaciones devastadoras que ocasionan un suplicio mental intolerable. El motivo es que destruyen nuestra autonomía, nuestro sentido de autocontrol sobre las actividades personales más elementales y la capacidad de participar y de mantenernos conectados con los demás. Para algunos afligidos, la dependencia, el aislamiento, el descontrol y la indignidad llegan a superar al terror de la misma muerte.

Con esto no quiero quitarle importancia a la increíble resistencia y fortaleza que poseemos los seres humanos para superar los retos más duros y agotadores. Es de sobra conocida la tendencia de muchos enfermos crónicos a aceptar sus limitaciones y a basar su nivel de felicidad en las posibilidades de disfrutar el presente y no en lo que podía haber sido y no es. De hecho, no son pocos los que después de perder numerosas facultades físicas y mentales recobran su nivel normal de contentamiento, o incluso resurgen de las calamidades más maduros y equilibrados. Tampoco debemos ignorar que la sensación subjetiva de dolor y el significado que le damos a la invalidez no son iguales en todas las personas. Dependen de nuestro temperamento, del propósito que le asignemos a la vida, de nuestros soportes sociales y de nuestra capacidad de adaptación. El grado de sufrimiento que resulta insoportable para unos puede ser tolerable para otros. De todas formas, algunos males son tan destructivos y debilitantes que cambian para siempre el color de nuestra visión del mundo.

Otro ladrón de la felicidad, compañero cercano del dolor, es el miedo. El miedo es un reflejo primario indispensable para la supervivencia. Lo llevamos incrustado en nuestros genes. Hay quienes piensan que es la primera emoción humana, y para apoyar su hipótesis nos suelen referir al capítulo del Génesis que cuenta cómo poco después de que Eva y Adán desobedecieran a Dios oyeron sus pasos en el Jardín del Edén y se escondieron. A continuación, relata la Biblia, «Dios llamó al hombre y le dijo: "¿Dónde estás?". Adán le contestó: "Te oí andar por el Jardín y tuve miedo"».

El miedo nos permite detectar de antemano circunstancias que pueden causarnos daño, incluso la muerte, y tomar medidas para evitarlas. Cuando nos enfrentamos a una situación peligrosa nos invade un estado de inquietud, zozobra y agitación. El sistema reproductivo, el aparato digestivo y muchas funciones del cuerpo se paralizan inmediatamente y el cerebro moviliza a todos los órganos para huir o luchar.

Desde la infancia el miedo moldea nuestras vidas. Nuestros esfuerzos por entender y superar las situaciones que nos atemorizan nos ayudan a conocernos mejor, a liberarnos de fantasmas que nos oprimen y a desarrollar muchos de nuestros potenciales. Los temores a las enfermedades, a los accidentes, al ensañamiento de las fuerzas de la naturaleza, a los riesgos del medio urbano, al fracaso o a la pobreza influencian los aspectos más mundanos de nuestra existencia cotidiana. El recelo a lo desconocido, basado en nuestra necesidad insaciable de predecir el futuro, es también muy común. Dado que el mayor desconocido es la muerte, el miedo a morir se convierte en mucha gente en una obsesión. Aunque no sea siempre aparente, el terror a desaparecer para siempre y ser relegado al olvido es universal y nutre nuestro instinto de conservación. Desde los albores de la humanidad uno de los atributos más admirados de las personas es, precisamente, el valor de arriesgar la vida y de enfrentarse con la muerte. En el terreno de la ficción, el héroe proverbial es quien entra en el reino de los muertos y resucita para retornar al mundo de los vivos.

En nuestra especie, el papel del miedo ha evolucionado y se ha expandido más allá de su misión natural de anticipar el dolor físico o los peligros tangibles del entorno y también nos advierte del sufrimiento emocional que producen la pérdida de un ser querido, el rechazo, el abandono o la culpa. Además, los seres humanos no solo nos angustiamos por nuestros problemas; también nos preocupamos por los apuros de nuestros familiares o amigos e incluso por los infortunios que afligen a desconocidos. Nos desvelamos por situaciones pasadas, presentes y futuras, por daños reales e imaginarios y por amenazas conscientes e inconscientes. Cuando se unen al miedo la sensación de impotencia, la indefensión y el desamparo, nos acomete el pánico.

La inmensa mayoría de las personas nos habituamos a las situaciones más extremas de inseguridad, como las guerras, los desastres naturales e incluso los campos de concentración. Algunos hombres y mujeres, sin embargo, tienen perturbada la capacidad normal de adaptación y, como consecuencia, viven continuamente con niveles desmesurados de aprensión y de ansiedad que no corresponden a la peligrosidad real de las circunstancias. Unos padecen fobias o terror irracional a animales, a objetos o a sitios concretos —por ejemplo, a ratones, arañas, serpientes, a la oscuridad, a la altura, a lugares cerrados, a espacios abiertos o a las aglomeraciones—. Otros experimentan ansiedad crónica generalizada, o ataques de pánico, o sufren trastornos obsesivos-compulsivos que los inmovilizan mediante ideas o impulsos que asaltan sin descanso su mente. Entre los atemorizados más infelices resaltan los hipocondriacos que viven permanentemente angustiados, convencidos de que la menor molestia, el mínimo síntoma o indisposición pasajera, como un resfriado, una pequeña infección o un leve mareo representan el principio irremediable de una enfermedad grave o incluso mortal. Como ha demostrado hace poco el psiquiatra de la Universidad de California Mauro Mendlowicz, en todas estas dolencias el miedo al propio terror descontrolado abruma a las víctimas y arruina sus vidas.

El temor excesivo y persistente nos roba la felicidad y nos transforma en caracteres aprensivos, asustadizos, introvertidos, tímidos, distantes, obsesivamente preocupados con experiencias negativas y muy sensibles a las opiniones de los demás. Y es que el estado de alarma constante consume nuestro ánimo, bloquea las emociones placenteras, limita nuestra imaginación, constriñe el horizonte de la vida, y nos encierra en un mundo amenazante y pavoroso que oprime, paraliza y obnubila. En los países desarrollados de Occidente el temor patológico afecta a casi el 10 por 100 de la población. Su incidencia en las mujeres es casi el doble que en los hombres. Aunque en la actualidad existen tratamientos efectivos, especialmente farmacológicos, algunos enfermos soportan síntomas muy recalcitrantes.

El miedo es contagioso. La tendencia a asustarnos cuando otros se asustan tiene raíces muy antiguas. Me figuro que esta respuesta está relacionada con la reacción instintiva de nuestros antepasados prehistóricos ante los azotes de los elementos naturales o los ataques de animales feroces o de bandas rivales. En nuestro tiempo, la propiedad infecciosa del miedo es aprovechada como arma eficaz por terroristas o hombres y mujeres que utilizan la agresión y el asesinato indiscriminados para amedrentar y coaccionar al poder establecido. Los terroristas propagan el pánico con el fin de dislocar el equilibrio político de la sociedad mayoritaria que odian atacando su pilar más frágil: la confianza pública. El antiguo proverbio chino «mata a uno y asusta a diez mil» capta el efecto psicológico desolador que persiguen estos desalmados.

El terror hace estragos. Como ya he mencionado, las consecuencias de los abusos y malos tratos continuados durante la infancia son especialmente demoledoras. En los adultos, ciertas experiencias espeluznantes de extrema violencia o atrocidades también pueden producir daños muy graves y duraderos. Por ejemplo, numerosas investigaciones sobre las secuelas de la violación sexual en mujeres evidencian que la invasión del cuerpo por la fuerza descompensa el equilibrio físico y emocional. En general, estos estudios indican que el 50 por 100 de las víctimas de estos ultrajes son incapaces de reanudar relaciones sexuales con normalidad durante dos años. Y entre las mujeres agredidas que tienen que ser hospitalizadas, el 25 por 100, o una de cada cuatro, todavía sufre alguna secuela psicológica como insomnio, miedos nocturnos, cansancio crónico y depresión seis años más tarde. En bastantes supervivientes el trauma de la violación se perpetúa a través de pesadillas aterradoras, de memorias horripilantes y de imágenes muy vívidas de los detalles del asalto degradante, que impregnan tanto su día a día como sus planes futuros.

Un estudio del Gobierno estadounidense, que comparó a siete mil veteranos combatientes de la guerra del Vietnam con otro grupo de hombres que no pasó por la experiencia del frente, demostró que los combatientes tenían casi el triple de posibilidades de sufrir depresión y alcoholismo. Los soldados diagnosticados de estrés postraumático sufrían con mayor frecuencia conflictos violentos con sus parejas y familiares, y sus hijos mostraban más problemas de comportamiento y dificultades escolares. Es un hecho que los trastornos producidos por situaciones extremas de espanto afectan la calidad de vida no solo de los protagonistas, sino también de sus afines.

El odio es otro antídoto muy potente de la felicidad humana. Los sentimientos de desprecio, aversión o repugnancia hacia otros, cuyo mal deseamos o provocamos, forman parte inseparable de nuestra naturaleza. El odio es una fuerza de destrucción que también podemos dirigir hacia nosotros mismos y que nos puede empujar hasta a quitarnos la vida. De hecho, para algunos psicoanalistas el suicidio es una especie de «autoasesinato», un homicidio invertido en el que el odio dirigido a otra persona y el deseo de eliminarla del mapa es desviado hacia uno mismo. El autosacrificio de Sansón para aplastar a los odiados filisteos que nos describe la Biblia, y los terroristas de ahora que se autoinmolan en sus atentados brutales, son ejemplos dramáticos de estos comportamientos extremos que unen los deseos de matar y de morir.

El odio es el combustible de muchas tragedias humanas. Alimenta la fuerza impetuosa que mueve a las personas a envidiar, someter, herir, torturar y matar. Cuando nos sumergimos en el trance del odio nos convertimos en seres ciegos, arrebatados y obsesionados por el aborrecimiento y la rabia. La hostilidad desenfrenada también desencadena en nosotros inseguridad y temor. Pues al odiar nos sentimos vulnerables, nos exponemos, nos arriesgamos a ser objeto de revancha, a ser atacados o humillados.

El odio es la emoción antitética del amor. En la complicada trama de las relaciones amorosas existen dos situaciones que evidencian con una crudeza sorprendente cómo la animosidad y el resentimiento sustituyen al amor en el corazón humano. Una de estas situaciones son los celos; la otra, las rupturas violentas. Las personas profundamente celosas se caracterizan por su inseguridad, baja autoestima, incapacidad para confiar en los demás y, en particular, por la sospecha de traición de la pareja y el terror a perderla. Los celos configuran un estado de ánimo miserable y peligroso que a menudo conduce a la violencia pasional. Los celosos se sienten invadidos por una animadversión y un furor irresistibles contra la pareja que supuestamente les engaña y el rival que intenta arrebatársela. Ante esta amenaza, real o supuesta, estos obsesos delirantes pueden llegar a asesinar a su amada y seguidamente suicidarse. De este argumento brota la noción de que hay personas que matan por amor.

El divorcio es un proceso conflictivo que se ha llegado a comparar con una guerra civil que estalla en un país que se desgarra en dos bandos enemigos. Las rupturas de matrimonios engendran a menudo un rencor tan profundo y alienante que los mismos protagonistas llegan a cuestionarse si no habrán enloquecido. Resulta verdaderamente asombroso el asco, el desprecio y la repulsión que algunos cónyuges en proceso de ruptura sienten hacia la pareja, y el grado de envilecimiento, de crueldad y de revanchismo que están dispuestos a aplicar el uno contra el otro.

Sin embargo, también debemos tener en cuenta que la separación y el divorcio constituyen válvulas de escape que permiten a matrimonios incompatibles desgraciados liberarse de una situación insoportable. Las parejas irreconciliables que ignoran o justifican su infelicidad con todo tipo de disculpas y pretextos, o usan anteojeras como caballos de tiro para eludir el pánico, y se resignan a una unión conflictiva, tarde o temprano pagan un precio muy alto por su indolencia y su falta de visión. Una antigua leyenda india ilustra este punto: «Durante el primer año del reinado del rey Julief, dos mil parejas se divorciaron de mutuo acuerdo ante el juez. Al enterarse, el rey se indignó de tal manera que inmediatamente abolió el privilegio del divorcio en el reino. En el siguiente año, el número de casamientos en el país disminuyó en unos tres mil, se registraron siete mil casos más de adulterio, trescientas mujeres fueron quemadas vivas por envenenar a sus maridos, cien hombres fueron ejecutados por asesinar a sus esposas, y la cuantía de muebles y enseres destruidos en los hogares del país alcanzó los tres millones de rupias. Al ser informado de lo ocurrido, el rey Julief restableció de inmediato el derecho del divorcio».

La venganza es otra forma de odiar. Esta pasión, a menudo irracional y autodestructiva, posee la potencia irresistible del instinto y la compulsión de los reflejos. Bastantes hombres y mujeres, aun a costa de enormes privaciones y a expensas de su propia felicidad, dedican la existencia a saldar cuentas, a satisfacer con una vehemencia escalofriante su «sed de venganza». Algunos hasta dan la vida en este empeño.

Odiar intensamente requiere esfuerzo, imaginación y la deshumanización de las personas que detestamos, tarea que no tarda en absorber toda nuestra atención y energía psíquica. La «demonización» de nuestros semejantes no es nada nuevo. A lo largo de la historia las figuras de espíritus maléficos que envenenan la mente y pervierten la convivencia han servido de metáforas que reflejan nuestros rencores y prejuicios sociales. Estos demonios han evolucionado de acuerdo con las creencias y los estereotipos del lugar y de la época. Hace años los diablos eran los paganos, los científicos y las brujas. Hoy, entre los demonios más populares destacan los inmigrantes, los negros, los homosexuales, los enfermos mentales y cualquier otro grupo cuyos valores o estilos de vida son distintos de los nuestros. Todos ellos son el producto del principio diferenciador de «los otros»: la convicción de que existen individuos con quienes no tenemos nada en común, ni siquiera una parte discernible de humanidad. No solo son estos colectivos profundamente diferentes de nosotros, sino que los consideramos, además, menos humanos.

La demonización de «los otros» es una fiebre maligna. La justificación implícita —«son diferentes»— hace posible todo tipo de fanatismos y ofrece la disculpa para marginarlos o cometer actos agresivos contra ellos. El odio deshumanizador tiene efectos doblemente perniciosos, porque, además de herir gravemente a las víctimas, confina a los verdugos a la infelicidad más amarga en un desierto moral poblado exclusivamente por las aberraciones y patologías que engendran el miedo irracional y la ignorancia paranoica.

El ladrón de la felicidad más aciago y peligroso de nuestro tiempo es la depresión, pues lo primero que nos arrebata es la esperanza. Y la esperanza es, precisamente, el sentimiento que alimenta la ilusión de vivir y de encontrar o recuperar la felicidad.

El suicidio es la secuela más amarga y preocupante de la depresión. Pero incluso cuando este acto fatídico no forma parte del proceso las personas deprimidas suelen encontrar muertes tempranas. De hecho, como ha demostrado el psiquiatra Alexander Glassman, estas personas tienen un riesgo cuatro veces más alto de morir precozmente a causa de un infarto de miocardio. Expresiones como «se me ha roto el corazón» o «me siento descorazonado» sugieren la conciencia popular de la relación entre la tristeza y la disfunción del músculo cardiaco.

Hoy la depresión afecta a casi el 12 por 100 de las mujeres y al 8 por 100 de los hombres en algún momento de sus vidas. Su incidencia está aumentando en los países industrializados y las nuevas generaciones son las más vulnerables a esta aflicción. La probabilidad de que una persona nacida después de 1955 sufra de sentimientos profundos de desesperanza, tristeza, apatía o autodesprecio es el doble que la de sus padres y el triple que la de sus abuelos. En ciertos países europeos y Estados Unidos, concretamente, solo el 1 por 100 de las personas nacidas antes de 1905 sufría de depresión grave con antelación a los setenta y cinco años de edad, mientras que entre los nacidos después de 1955 el 6 por 100 padece de melancolía antes de cumplir veinticuatro.

Los jóvenes de hoy han crecido con más riqueza, más derechos, más libertad, más conocimiento y más posibilidades para realizarse, pero también con más pesimismo, más desmoralización y más hastío. En Estados Unidos, por ejemplo, entre 1960 y 1990 la tasa de suicidios entre adolescentes de quince a diecinueve años se triplicó y alcanzó la cifra escalofriante de once suicidios por cada cien mil jóvenes. A pesar de que desde 1994 este índice funesto ha disminuido, todavía es mucho más alto que el de hace cuatro décadas. Una encuesta de 1999, patrocinada por el *The New York Times* y la cadena de televisión estadounidense CBS, muestra que el 46 por 100 de los chicos y las chicas entre trece y diecisiete años conocen a alguien de su edad que ha intentado quitarse la vida. La incidencia de suicidios entre jóvenes europeos también ha aumentado en la última década.

La adolescencia es un período del desarrollo de la persona relativamente nuevo y misterioso. Hasta hace menos de dos siglos pasábamos de la niñez a la edad adulta a los siete u ocho años, después de adquirir el uso de razón como por arte de magia. Hoy los adolescentes atraviesan un puente enigmático y excitante que pueden tardar en cruzar una docena de años. Muchos de ellos son jóvenes idealistas e impacientes que ven la vida como una proposición de «todo o nada» y no suelen aceptar que no todas las derrotas son permanentes. Por otra parte, bastantes adolescentes desesperados utilizan sus comportamientos suicidas como un grito de auxilio. Confían en que en el último momento alguien aparecerá para rescatarles.

Aunque no sabemos con certeza la causa de la proliferación de la depresión, se piensa que puede ser el resultado de una combinación de factores psicosociales. Entre ellos destacan: la creciente glorificación del individualismo duro que fomenta la competitividad unida a la responsabilidad personal por los éxitos y los fracasos; el estado de continua frustración que ocasiona el desequilibrio entre aspiraciones y oportunidades; el sentimiento de fracaso que produce la persecución obsesiva e inútil de ideales inalcanzables que promueve la sociedad, como la perfección física en la mujer o el enriquecimiento económico en el hombre; el estilo de vida carente de sentido religioso; la transformación del modelo de familia; la doble carga del trabajo y el hogar que soportan las mujeres; el creciente número de rupturas matrimoniales; o el fácil acceso a las drogas y la mayor tolerancia del consumo de alcohol entre los jóvenes.

Otro factor que no podemos ignorar a la hora de explicar la incidencia de la depresión es que cada día está más aceptada como enfermedad biológica y su estigma social es menos humillante, por lo que los afectados tienden a buscar ayuda profesional más abiertamente que antes. La mera alusión a haber visitado a un psiquiatra implicaba antaño una prueba incuestionable de locura o, cuando menos, un estigma irrefutable de debilidad y de fracaso personal. Es evidente que existe un abismo entre la atmósfera de tabú y de rechazo que rodeaba a la ayuda psicológica y el clima de aceptación e interés que disfruta la psicoterapia en la actualidad. También es cierto que gracias a los avances médicos y farmacológicos las depresiones endógenas, o que se originan en virtud de causas internas, no solo se diagnostican hoy con bastante precisión, sino que el 90 por 100 de los casos que se tratan mejoran notablemente o se curan.

Entre las causas más comunes e ineludibles de melancolía despunta la muerte de un ser querido. Para los niños, la pérdida de la madre o del padre es el golpe más cruel. Para los adultos suele ser el fallecimiento de la pareja o de un hijo. Estos duelos son tan devastadores que dividen a la humanidad en dos grupos: el de los que los han vivido y el de los que no.

Los pequeños que sufren la muerte del padre o de la madre desarrollan un sentido muy agudo de la mortalidad. Es muy difícil aceptar que los padres, y aún menos las madres, puedan morir jóvenes. Los niños albergan la ilusión de que los progenitores son inmortales y nunca abandonan a sus hijos pequeños. Durante años, muchos de estos huérfanos hablan entristecidos de espacios interiores vacíos, de piezas que faltan, de la herida abierta que llevan en la boca del estómago. Aprenden a ser padres o madres por su cuenta. Son personas que entienden bien que el tren de su vida descarriló de repente, dejándoles en tierra desconocida, sin un mapa, sin un guía y sin billete de vuelta.

Los adultos que pierden a su pareja se sienten primero abatidos por la confusión y después abrumados por la tristeza y el desconsuelo. Intentan desesperadamente ajustarse a una realidad para la que no existe preparación. El recuerdo desconsolador se transforma en un enorme agujero en el que se busca sin descanso a la persona amada desaparecida que, precisamente por estar ausente, está siempre presente. Cuando muere un hijo el impacto es especialmente incomprensible y demoledor. Todos los padres tratan de encontrar el significado de lo ocurrido, buscan una justificación que les absuelva su culpa y les alivie su intolerable dolor. Hace un par de siglos los niños morían con frecuencia. Ahora no es así. Nunca han vivido los pequeños tan seguros y saludables. Por eso, hoy, la muerte de un niño parece antinatural, no tiene sentido, ni precedente. Es un error insufrible e inolvidable.

A los seres humanos normales nos duele profundamente la pérdida de un ser querido, pero con el tiempo la gran mayoría superamos el trauma y nos liberamos del duelo. Porque nuestros antídotos naturales de la desesperanza no descansan hasta encontrar una explicación que dé sentido a la tragedia y alivie nuestro tormento. Algunos se sienten reconfortados por amigos comprensivos, especialmente si estos han atravesado el mismo calvario. Otros se cobijan en la religión, que siempre ha hecho más llevadera la muerte.

Los hay también que encuentran consuelo en los poderes curativos de la naturaleza. Se animan al percibir el espíritu del amor perdido en el aire del mar, en el aroma del bosque o en la inmensidad de la montaña. Con todo, para muchos, la desaparición irrevocable de un padre, de la pareja o de un hijo se convierte en una herida permanente, la más penosa de su vida, en el punto de referencia de su paso por el mundo, el rasgo emblemático de su autobiografía.

En definitiva, los ladrones de la felicidad nos acechan desde que nacemos hasta que morimos. El dolor y el miedo, que son mecanismos innatos de defensa, nos traicionan convirtiéndose en elementos sádicos de tortura y de terror. Mientras que el odio y la depresión, cuya única misión es la destrucción de la persona, cumplen su cometido arrebatándonos la alegría de vivir, la esperanza y la paz de espíritu. Sin embargo, a pesar del sufrimiento y desesperación que ocasionan estos males, casi todos los hombres y las mujeres celebramos la vida hasta el final. Y esta es la verdad reconfortante: si bien hay calamidades que nos impulsan a tirar la toalla y abandonar, muy pocas veces son tan eficaces como las fuerzas vitales que nos animan a continuar luchando.

11
Escenarios de la alegría

«La felicidad está hecha para ser compartida con otros.»

PIERRE CORNEILLE, *Surena,* 1674

La vida ofrece innumerables situaciones en las que buscar y encontrar la dicha, pero cuando preguntamos directamente a hombres y mujeres sobre cuáles son las que les proporcionan los momentos más gratos la inmensa mayoría señala tres escenarios: las relaciones íntimas con otras personas, el trabajo o las ocupaciones, y las actividades de ocio.

Quienes confirman sin titubear su estado inconfundible de felicidad son los enamorados. El psicólogo Erich Fromm nos lo advirtió: «El ansia de relación es el deseo más poderoso de los seres humanos, la fuerza fundamental que aglutina a la especie. La solución definitiva del problema de la existencia es la unión entre personas, la fusión con otro ser, el amor». Y es que cuando sucumbimos al amor es como si nos sumergiéramos en un torrente incontrolable de euforia y expansividad.

La pasión romántica es una emoción sublime, un frenesí que sacude a casi todos los hombres y las mujeres por lo menos una vez a lo largo del sendero de sus vidas. El enamoramiento restaura en nosotros el sentimiento especial de ser los primeros para otra persona. Este estado preferencial inigualable, unido a la reciprocidad que crea, nos permite experimentar la dicha de poseer y de ser poseídos en exclusiva, de idealizar y de ser idealizados. En nuestro fuero interno todos ansiamos amar y ser amados, aceptar y ser aceptados incondicionalmente. La relación de pareja es una condición necesaria para que muchas personas puedan encontrar significado o razón de ser a su existencia.

Las parejas cambian con el paso del tiempo, dependiendo de la personalidad de cada uno y del desarrollo de la relación. Durante la primera fase, la excitación y el ensueño ocupan un lugar de privilegio. Si bien esta intensa dicha suele contener también una dosis de aprensión y de temor. Después de todo, enamorarse implica encapricharse, abrirse, mostrarse a uno mismo y, por lo tanto, exponerse a ser rechazado. Muchos amantes anhelan la perpetuidad de la pasión, aunque saben en el fondo que esta es inevitablemente pasajera.

Según la antropóloga Margaret Mead, en la primera relación buscamos el sexo; en la segunda, los hijos, y en la tercera, la compañía. Una vez amainada la tempestad de la seducción, el amor se convierte en un arte que requiere esfuerzo y energía. Hoy las parejas insisten en que hay que «trabajar» a diario para que la relación mantenga ilusión, vigor sexual, buena comunicación, equilibrio de poder y habilidad para compaginar las necesidades contrapuestas de intimidad e iniciativa, dependencia y autonomía.

Además de trabajo, las parejas satisfechas proclaman que para preservar una relación feliz hace falta una serie de cualidades; entre ellas, honestidad, abnegación, flexibilidad, comprensión, tolerancia, generosidad, fuerza de voluntad, constancia, preocupación por el bienestar de la persona amada y respeto a su individualidad. Muchas parejas dichosas configuran el núcleo de un hogar familiar donde disfrutan de relaciones entrañables y duraderas.

Los lazos familiares constituyen el convenio social más firme que existe entre un grupo de personas, el pacto más sólido de apoyo mutuo, de protección y de convivencia. La familia es la institución humana más resistente y adaptable a los cambios sociales. Se transforma, pero nunca desaparece. Como alguien expresó simbólicamente, la familia no es como el roble o el pino que se quiebran en un huracán, sino que se dobla ante el viento como la caña de bambú de los cuentos orientales, para enderezarse de nuevo.

La familia extensa, constituida por padres, varios hijos, abuelos, tíos, primos y sobrinos, en cercana convivencia, es cada vez menos frecuente. Como contraste, la familia nuclear, reducida, autónoma y migratoria, compuesta solamente de la pareja y uno o dos hijos, es el caso más común en nuestro tiempo. Entre los nuevos hogares en auge se encuentran los matrimonios sin hijos, las parejas que habitan juntas sin casarse, los segundos matrimonios de divorciados que agrupan a niños de orígenes distintos, los hogares monoparentales encabezados generalmente por la madre, y los emparejamientos homosexuales. La sociedad se inclina cada día más a reconocer la legitimidad de estas relaciones tan felices como diferentes, basadas todas ellas en la elección libre, en el cariño y en el compromiso sellado por sus protagonistas.

Otra fuerza de cambio que ha afectado a las relaciones ha sido la prolongación espectacular de la duración de la vida. No hace mucho tiempo cumplir sesenta y cinco años se consideraba el principio de la vejez. Hoy tenemos que ajustar esta marca a ochenta y cinco, y vivir cien años ya no se considera una gracia excepcional de la naturaleza. Esta longevidad nos permite establecer varias relaciones consecutivas importantes. Y si fracasamos en una relación, nos da tiempo a concluirla y a probar de nuevo.

De todos los cambios sociales que han transformado las relaciones de familia quizá el más importante sea la liberación del sexo femenino. Como ya he mencionado, en los últimos veinticinco años la mujer ha abierto una brecha definitiva en el poder social, económico y político masculino, y ha desafiado al varón a cambiar su personalidad y a adaptarse a una nueva dinámica familiar. De hecho, la metamorfosis que han experimentado las mujeres ha provocado enormes cambios de ajuste en los hombres. Y mientras ellas se distancian de los estereotipos opresivos e injustos del pasado, ellos tratan de deshacerse de un papel duro, machista y trasnochado que ya no tiene sentido.

La maternidad y la paternidad deseadas constituyen experiencias profundas y gratificantes únicas que también han evolucionado en las últimas décadas. El ímpetu feminista y la disponibilidad de métodos de control de natalidad seguros y eficaces han sido acontecimientos de gran peso en esta evolución. Impulsadas por nuevas cotas de conocimiento y libertad, millones de parejas conscientes de la estrecha relación que existe entre la procreación y la calidad de sus vidas consideran una desventaja traer más de uno o dos hijos al mundo. En cuanto a la maternidad, hoy sabemos todos que las aptitudes necesarias para ser una buena madre no dependen de un instinto femenino especial, sino de ciertas cualidades temperamentales y de fórmulas y conductas que en su mayoría se aprenden. Más importante aún: no hay razón para que los hombres no las puedan aprender.

Cada día hay más padres que, afortunadamente, brillan menos por su ausencia y más por su participación en el hogar. Estos hombres optan por un papel familiar más comprometido, más afectuoso y más casero. Como resultado, más madres y padres logran en paralelo la realización profesional o laboral fuera del hogar y una participación equitativa en los quehaceres de la casa y en el cuidado o educación de los hijos.

En la primera página de la novela *Ana Karenina,* León Tolstoi nos dice: «Todas las familias felices se parecen, pero cada familia desgraciada es desgraciada a su manera». Los hogares dichosos tienen en común amor, lealtad, confianza, seguridad y compromiso de apoyo y protección. Sin embargo, la falta de uno de estos ingredientes puede ser causa suficiente para arruinar la felicidad de una familia. Mientras las parejas felices emiten los rayos inconfundibles y universales de la alegría, las desgraciadas manifiestan y propagan el sufrimiento y la miseria humana de muchas formas.

A la hora de leer la suerte de una pareja de enamorados ocurre como con las simientes que se plantan en el campo: es imposible predecir qué grano germinará. Por eso, cada historia de amor es diferente. El enamoramiento en bastantes casos es el preludio impetuoso de una unión más tranquila, más segura y duradera, en la que la pasión del romance se ha transformado en lazos estables de afecto y amistad. A veces, sin embargo, los vínculos se debilitan y la vitalidad de la unión se apaga poco a poco.

El amor, ingrediente fundamental de la unión familiar, se destruye por muchos motivos. Por ejemplo, ciertas relaciones de pareja contienen una dosis de utopía que hace que los protagonistas proyecten sus fantasías de perfección de forma exagerada el uno sobre el otro. Creo que las aspiraciones fantasiosas de unión pura, interminable, indestructible y total representan una amenaza peligrosa, pues son el caldo de cultivo de expectativas inalcanzables y, por lo tanto, de la posterior desilusión y de los grandes desengaños. Otras causas frecuentes de ruptura incluyen falta de comunicación, cambios en el equilibrio de responsabilidad o de autonomía de la pareja, rechazos, decepciones, el desgaste de la atracción física, la pérdida de la intimidad afectiva, y heridas que dan lugar a resentimientos y frustraciones permanentes, a la desconfianza o a la indiferencia.

En las sociedades occidentales más del 90 por 100 de las personas se casan y la gran mayoría considera el matrimonio como un paso esencial para lograr la felicidad. Esta creencia tan extendida hace que bastantes parejas rechacen la noción de que es preciso soportar a toda costa una relación enferma que se ha convertido en fuente inacabable de dolor y desdicha. Con todo, la decisión de romper el matrimonio no se suele tomar precipitadamente o en un momento de desesperación, sino que a menudo es el resultado de una larga y enconada lucha impregnada de miedo, culpabilidad, amargura y rencor. Situación que probablemente instigó a Jean-Paul Sartre a decir aquello de «el infierno es el otro».

Las separaciones son procesos personales tan penosos y llenos de angustia que a menudo dañan la salud física y socavan la estabilidad emocional de los protagonistas. Precisamente, los expertos en salud pública utilizan el índice de divorcios de un país para planificar ciertos servicios sanitarios, pues las personas en trance de romper su matrimonio, comparadas con la población general, sufren más depresión, alcoholismo, fobias, hipertensión, infecciones y trastornos digestivos.

Como he repetido en varias obras, la mayoría de las parejas que deciden terminar encuentran la luz al final del túnel del divorcio. Este drama casi siempre tiene un buen desenlace, especialmente cuando la ruptura se convierte en la única medicina que permite a hombres y mujeres incompatibles y desgraciados en su pareja poder algún día disfrutar de una nueva relación feliz. Casi todas las personas que se divorcian pronto sueñan con encontrar una nueva pareja. Muchas —cuatro de cada cinco en Estados Unidos— contraen un nuevo matrimonio antes de que hayan transcurrido tres años, aunque cada día son más numerosas las que prefieren unirse sin pasar por el trámite formal de acudir al juez.

En este sentido, la separación supone un cambio, pero también continuidad, un final y un principio, el derrumbamiento de ideales frustrados y el manantial de nuevas ilusiones.

La gran mayoría de las personas cree firmemente que las relaciones íntimas facilitan la felicidad, y abundantes investigaciones y estadísticas respaldan esta noción. En cientos de encuestas con miles de participantes en múltiples países, los individuos emparejados o que forman parte de un hogar familiar expresan un nivel de dicha considerablemente superior a quienes viven solos, sean solteros, viudos, separados o divorciados. Igualmente, innumerables estudios concluyen que no son solo las relaciones de pareja o familiares las que aportan beneficios. Las amistades, e incluso la participación activa en organizaciones con las que nos identificamos, también fomentan en nosotros la satisfacción con la vida en general. En definitiva, las relaciones gratificantes con compañeros de vida, independientemente del tipo que sean, constituyen una fuente de alegría y un antídoto muy eficaz contra los efectos nocivos de todo tipo de calamidades. Quienes se sienten genuinamente parte de un grupo solidario superan los retos más difíciles que les plantea la vida mucho mejor que quienes se encuentran aislados o carecen de una red social de soporte emocional.

El trabajo es otro escenario en el que mucha gente manifiesta satisfacción. Para los lectores del Génesis este hecho quizá resulte irónico. Saben que Adán y Eva, después de sucumbir a la tentación de la serpiente, fueron condenados —ellos y sus descendientes— a extraer el alimento del suelo con fatiga y a comer el pan con el sudor de su frente todos los días de su vida.

La verdad es que los seres humanos siempre hemos empleado una gran parte del tiempo de que disponemos ganándonos la vida a duras penas. Nuestros antepasados cavernícolas pasaban sus días cazando o buscando alimentos silvestres para poder sobrevivir. Los grandiosos proyectos arquitectónicos que hace unos milenios separaron los pueblos civilizados de los primitivos —pirámides, murallas, templos, palacios, acueductos o embalses— eran construidos con la energía de esclavos, de presos o de otros grupos humanos forzados a hacer realidad las ambiciones de sus amos o de las elites gobernantes. En el siglo XIX, los obreros trabajaban doce horas, seis días a la semana, en minas peligrosas o en factorías sofocantes y contaminadas. Hasta que el sociólogo Elton Mayo demostró en 1933 la importancia de los aspectos humanos en el ambiente laboral, el único objetivo de los empresarios consistía en extraer la máxima productividad del trabajador al mínimo precio. Con antecedentes tan siniestros y alienantes se entiende que tanta gente se extrañe cuando alguien plantea que el trabajo, en lugar de un martirio, supone una bendición.

Hoy el trabajo sigue siendo una actividad universal y necesaria, pero su dureza no es tan brutal como antes y sus funciones se han diversificado. Es verdad que todavía sobran las labores rutinarias que no estimulan ni requieren gran esfuerzo, y que contribuyen a que los empleados se sientan como seres «marginales», superfluos o irrelevantes. Pero también abundan las tareas entretenidas y creativas. Bastantes hombres y mujeres afirman que su ocupación no es solo el medio para conseguir el pan cotidiano, sino que, además, se ha convertido en una fuente de identidad personal y social que les ayuda a definirse y añade ilusión y significado a sus vidas.

Una obligación regular gratificante fomenta en nosotros la autonomía y la autoestima, induce el sentido de la propia competencia, y nos recompensa con el placer de participar y el orgullo de contribuir al funcionamiento o mejora de la sociedad. El ambiente en el trabajo también juega un papel determinante en el nivel de satisfacción de la persona. Los empleados que participan en las decisiones de la gestión, son informados de las vicisitudes de la empresa y se benefician de sus buenos resultados se sienten mejor que quienes no gozan de estas condiciones. En Europa y Estados Unidos, tres de cada cuatro personas que consideran su ocupación laboral estimulante dicen que si un día heredaran inesperadamente una fortuna continuarían trabajando.

El mejor trabajo es aquel que nos plantea un desafío superable y utiliza al máximo nuestras aptitudes intelectuales o físicas. Según los estudios del psicólogo industrial de la Universidad de Chicago Mihaly Csikszentmihalyi, el trabajo ideal nos estimula, nos excita, nos implica y nos plantea algún tipo de reto sin sobrepasar nuestras posibilidades. Es el trabajo que nos absorbe, nos concentra, nos abstrae y nos traslada a un estado de conciencia placentero —que él llama «fluidez mental»— que permite la inmersión total en un proyecto durante horas, sin darnos cuenta del paso del tiempo. Especialmente afortunados son quienes logran combinar su trabajo con su afición, los que pueden decir de verdad aquello de «me pagan por hacer lo que me gusta» o «mi trabajo me llena tanto, que lo haría aunque no me remunerasen».

Independientemente del tipo de trabajo que realizamos, o incluso de lo contentos que nos sintamos en él, la pérdida inesperada del empleo supone casi siempre un golpe devastador para nuestro estado de ánimo. El despido suele ser interpretado, por nosotros y por la sociedad, como un terrible fracaso personal. Además del impacto que pueda tener en nuestra seguridad económica y, en muchos casos, en la de nuestros seres queridos, el cese involuntario daña la autoestima, la confianza y el sentido de control sobre la propia vida. Un alto porcentaje de hombres y mujeres que pierden el trabajo se sienten humillados, rechazados e incompetentes. Y si buscan con empeño un empleo y no lo consiguen, se frustran, se desmoralizan y se deprimen. La mayoría de los hombres y las mujeres en paro manifiestan un nivel de satisfacción vital muy inferior al de quienes tienen un trabajo. Con el tiempo, la inactividad continuada se convierte en una especie de maldición, en un motivo de amargura y desesperación.

La jubilación forzosa —se pinte como se pinte— constituye una causa de ansiedad y desánimo para quienes un empleo representó la fuente principal de gratificación personal y de reconocimiento social durante la mayor parte de su vida. Para muchos jubilados acostumbrados a un trabajo cotidiano, sobre todo si viven solos o no tienen familia —situación que cada día es más común—, el paro irreversible supone el retiro forzoso de la vida. Por esta razón, es imperativo que la sociedad ofrezca alternativas aceptables e imaginativas a las personas jubiladas, para que quienes lo deseen tengan la oportunidad de participar en proyectos, ampliar su formación, potenciar sus habilidades y contribuir a causas relevantes.

El papel que el trabajo desempeña en nuestra felicidad no es idéntico en padres y en madres de familia. Las mujeres cada día le dan mayor importancia a su formación y realización profesional, y se casan más tarde. La mayor participación de las madres en el mundo laboral no solo ha aumentado progresivamente su independencia económica, sino que ha fomentado en ellas un sentido más amplio de identidad y de participación en la sociedad. Para muchas de estas mujeres el trabajo supone, además, un escape temporal reconfortante de las labores caseras. La mayoría ha presenciado a su alrededor la dura realidad de tantas parejas rotas o de la viudez y sabe apreciar el valor de la autonomía que ofrece un empleo remunerado.

Sin embargo, no pocas madres que trabajan fuera del hogar se enfrentan al desafío de compaginar su misión doméstica de madre con sus intereses de mujer, dilema que a menudo refleja el enorme reto y la carga adicional que supone la maternidad en nuestros días. Aparte de la discriminación, la dependencia y la desigualdad histórica que han sufrido y que, en menor grado, todavía sufren las mujeres en el campo laboral, la vieja imagen de «la esposa en la casa y el marido en el trabajo» aún perdura como pesada losa en la memoria colectiva, envuelta en la nostalgia dulce de los mitos. La figura idealizada de «madre ama de casa» está tan inmortalizada en nuestra cultura que muchas mujeres que trabajan fuera del hogar no pueden remediar sentirse inadecuadas en su fuero interno, incluso si disfrutan de una agradable armonía familiar y de hijos sanos. Una cuestión actual bastante polémica es precisamente si estas madres ponen o no en peligro la seguridad emocional de sus hijos. Solo las premisas de esta pregunta han provocado sentimientos de miedo y culpabilidad a miles de madres.

La situación más penosa afecta, como siempre, a las clases socioeconómicas más desfavorecidas, entre las que bastantes mujeres se ven obligadas a trabajar para subsistir en tareas monótonas, sin iniciativa ni creatividad, por un sueldo insuficiente que ni siquiera les permite asegurar el cuidado de las criaturas que dejan en casa durante la jornada. Estas circunstancias plantean a cualquier madre un dilema muy difícil, especialmente si son cabeza de familia o no cuentan con el apoyo de un marido o un compañero. Con todo, no pocas se sienten muy orgullosas y satisfechas al darse cuenta de que a pesar de las adversidades, al final, su labor de madre es encomiable y, en muchos casos, hasta heroica.

Las sociólogas Grace Baruch y Rosaline Barnett, después de analizar decenas de estudios sobre este tema tan apasionante, han concluido que las madres que trabajan fuera del hogar están tanto o más satisfechas que las que se dedican exclusivamente a las labores domésticas. Otros estudios demuestran que cuando las mujeres mantienen un buen equilibrio entre familia y ocupaciones disfrutan de una disposición más constructiva y optimista con sus hijos que cuando se sienten atrapadas en su papel de madre o alienadas en el trabajo.

Un colectivo que va en aumento es el de las madres con hijos pequeños que trabajan jornadas dilatadas de diez o doce horas diarias. A menudo, estas mujeres comprimen la vida familiar porque el empleo se ha convertido en un estímulo intelectual y en una evasión placentera de las presiones hogareñas. «El trabajo me relaja», confiesan en una especie de desafío a la sentencia bíblica que condenó a la humanidad a sufrir por el sustento. Y la fuente de placer, además de la ocupación, es el ambiente y las relaciones estimulantes en las que se desenvuelven.

Para estas mujeres ocupadísimas lo que verdaderamente cuenta no es la cantidad, sino la calidad del tiempo dedicado a la familia. La esperanza que subyace detrás de esta valoración cualitativa del tiempo es que los contactos breves pero bien aprovechados y la intensidad de los momentos entrañables compensen la escasez de oportunidades para relacionarse con los hijos o con la pareja. Aunque estas madres, siempre con prisas por salir de casa, a veces se lamentan de niños quejumbrosos o malhumorados, la realidad es que los pequeños que se crían con madres que trabajan fuera de casa crecen con completa normalidad, siempre que no les falte el afecto de sus padres y que estén bien atendidos por terceras personas.

Hoy sabemos que las mujeres que trabajan representan modelos muy positivos para los hijos. Estimulan en los pequeños varones mayor sociabilidad y una actitud más firme hacia la igualdad del sexo femenino, y en las niñas un alto espíritu emprendedor y un sentimiento superior de confianza en sí mismas y de independencia. Se me ocurre que estas conclusiones que resaltan los efectos placenteros de combinar las relaciones de cariño y las ocupaciones laborales no nos debieran sorprender. Muchos expertos, incluido

Sigmund Freud, han defendido la idea de que los hombres y las mujeres felices se distinguen por su capacidad de gozar del amor y del trabajo.

El ocio es la otra esfera de la vida que nos proporciona alegría. El juego, en un amplio sentido, es una de las experiencias humanas más antiguas, divertidas y creadoras. Se solía decir que jugar es simplemente lo que hacemos cuando no estamos trabajando. Pero la realidad es que hoy, para mucha gente, el contenido del tiempo libre se ha convertido en algo incluso más importante que los logros durante la jornada laboral.

A medida que se prolonga la duración de la vida, que la tecnología permite reducir el número de horas laborables y que se multiplican las personas desempleadas —a causa del paro, la jubilación o el retiro anticipado—, la calidad de nuestro ocio se revaloriza y su impacto en nuestro bienestar se hace más significativo. Hoy tenemos más tiempo libre que nunca para entretenernos, para gozar, para hacer el amor y para ejercitar nuestras aficiones.

Las actividades recreativas que disfrutamos están relacionadas, en gran medida, con las cosas que nos gustan. También dependen de las posibilidades que ofrece nuestro ambiente ecológico y social, de los medios con los que contamos y de las conductas hedonistas que la sociedad considera aceptables. El ocio puede incluir ocupaciones sin orden ni concierto que llevamos a cabo para disfrutar, desahogarnos o socializar informalmente con amigos o conocidos, y también tareas más reglamentadas en las que intentamos superar un reto que nos proponemos o alcanzar algún objetivo que nos apetece. Por ejemplo, hay gente que va a la piscina o a la playa «a no hacer nada», a regocijarse tomando el sol o a refrescarse chapoteando en el agua. Otros también acuden con la intención de deleitarse y pasarlo bien, pero siguen un programa más organizado y tratan de lograr alguna meta, como hacer ejercicio físico, bajar de peso o mejorar su estilo de natación. El esparcimiento no es incompatible con la adquisición de conocimientos o con la práctica de habilidades gratificantes que contribuyen a forjar nuestra identidad personal y social.

El ocio nos ayuda a distraernos, a sosegarnos, a reposar, a distendernos y a eliminar las presiones acumuladas durante el trabajo. No obstante, hay personas que experimentan dificultad a la hora de adaptarse a la ausencia de reglas o estructuras que casi siempre caracteriza al tiempo libre. Dicen que mientras en el ambiente regimentado del trabajo se sienten «seguras de sí mismas», «motivadas», «concentradas» y «creativas», cuando no tienen nada que hacer se desorientan y tienden a sentirse vacías, apáticas o incluso ansiosas, sobre todo si están solas. A estas personas las responsabilidades de un empleo les ayudan a enfocar su atención, a organizar sus pensamientos y a protegerse temporalmente de las preocupaciones personales.

La poderosísima industria del entretenimiento trata de llenar nuestro tiempo libre con experiencias amenas y apetecibles que requieren nuestra participación indirecta, como espectadores, y no exigen mucho esfuerzo ni aptitudes especiales. Por eso, ver la televisión, escuchar la radio, oír música, ir al cine y acudir a espectáculos o a competiciones deportivas son pasatiempos tan populares. Viajar, practicar deportes especializados que requieren equipos costosos o el acceso a tecnología avanzada son, naturalmente, menos corrientes. Por otra parte, cada día más personas se conectan en el espacio virtual de Internet para jugar o distraerse. En los salones de charlas de la red forjan relaciones con personas que, de otra forma, nunca hubieran conocido, y que a veces terminan incluso en matrimonios felices. Y es que, además de placenteras, las actividades de recreo, por tecnológicas que sean, suelen proporcionarnos un medio para comunicarnos y compartir el tiempo libre con otros.

Una fórmula muy efectiva para disfrutar y mantener una actitud esperanzada y alegre es adoptar una dieta regular de placeres simples: reunirnos con amigos, cocinar una comida sabrosa, dar un paseo por el parque, salir de compras —aunque no compremos nada—, arreglar cosas de la casa, cuidar del jardín, leer un libro interesante o escuchar una música grata. Y no olvidemos el poder reparador del sentido del humor. Su función primordial es aliviarnos la tensión emocional, descargar la inseguridad y neutralizar la ansiedad que reprimimos en el inconsciente. Incluso el humor negro es saludable. Actúa de purgante psicológico que nos libera de obsesiones destructivas. La gran virtud del humor es que nos alegra la vida y, posiblemente, también la prolonga.

A la larga, los pequeños gustos y alegrías nos mantienen más contentos que cualquier experiencia o logro impresionante que nos da un impulso temporal. En palabras del poeta libanés Khalil Gibran, «en el rocío de las cosas pequeñas, el corazón encuentra su alborada y se refresca». Con demasiada frecuencia, sin embargo, perdemos de vista los goces más sencillos que nos ayudan a disfrutar del día a día.

Pese a que es mucho más probable que encontremos la felicidad enfrente de nosotros que a la vuelta de la esquina.

La dosis de satisfacción que nos aportan las diversas modalidades de entretenimiento no es necesariamente proporcional a la cantidad de tiempo que invertimos en ellas. Por ejemplo, la actividad de ocio más común es ver televisión, a pesar de que la mayoría de los televidentes no consideran a la pequeña pantalla como su fuente favorita de divertimento. Lo que sucede es que la ubicuidad de la televisión en nuestra sociedad es tan amplia que no tiene competencia a la hora de alimentar la necesidad natural de estímulo, de distracción y de satisfacer nuestra curiosidad e instinto de *voyeur,* esto es, de observar los comportamientos ajenos. La transparencia que no respeta secretos y que nos ofrecen tantos programas televisivos nos cautiva. Si actualizáramos la famosa observación del poeta romano del siglo I, Juvenal, sobre el poder seductor del circo, diríamos que hoy las masas estarían siempre contentas con un empacho de «pan y vídeos».

La influencia de la televisión es enorme, pues a la vez que nos conectamos se puede decir que el «ojo televisivo» nos observa y nos estudia, aprende sobre nosotros y, al final, nos ofrece el producto que buscamos. Los españoles ven la televisión durante casi cuatro horas de media al día, según datos del Instituto Nacional de Estadística. En los hogares estadounidenses el televisor está encendido un promedio de seis horas diarias, y bastantes niños le dedican más tiempo que al colegio.

En cuanto a las experiencias que nos entretienen, los seres humanos siempre hemos sentido una profunda fascinación por las aventuras y los retos emocionantes que salpican nuestro paso por el mundo. Casi todos tenemos periódicamente hambre de experiencias que hagan saltar a nuestro corazón y nos pongan el alma en un hilo. A veces nos gusta ser nosotros mismos los protagonistas. Los declives y revueltas de las montañas rusas constituyen el ejemplo clásico de diversión. Combinan el terror y la excitación en una experiencia irresistible que atrae a millones de personas en todos los países. Escalamos el monte Everest o volamos a la Luna no solo por curiosidad, sino porque el placer de vencer el peligro nos recompensa. Cuando avanzamos y superamos situaciones arriesgadas y logramos mantener el equilibrio emocional y el ingenio en medio del caos y del peligro, el sentimiento vivificante de alborozo que nos invade no tiene igual. Las aventuras también enriquecen nuestro conocimiento de nosotros mismos, del mundo en que vivimos y del lugar que ocupamos en él.

En la gran mayoría de los casos, sin embargo, nuestro papel es el de lector o espectador. Historias universales de hace tres y cuatro milenios, como la epopeya de Gilgamesh —la leyenda escrita más antigua que se conoce, que describe las proezas del rey de la ciudad de Uruk que no quería morir—, o los poemas épicos de Homero, la *Ilíada* y la *Odisea,* demuestran el viejo atractivo humano por las tramas de intriga, de riesgo y de misterio. Hoy leemos en vilo hasta altas horas de la madrugada las hazañas de héroes que se juegan la vida en las circunstancias más adversas y terribles. Compartimos la euforia que empapa su lucha, su agotamiento y su supervivencia; nos preguntamos cómo actuaríamos en situaciones similares y, de paso, aprendemos a enfrentarnos a coyunturas inesperadas.

Muchas historias que nos cautivan se caracterizan por tener morbo o por relatar sucesos desagradables o violentos. Esta característica es también central en los cuentos infantiles más populares. No pocas de las aventuras que nos fascinan a los adultos están impregnadas de la misma agresividad folclórica que caracteriza a las fábulas proverbiales de *Caperucita roja* o *Barbazul.* Los dramas de amor y los devaneos peligrosos y clandestinos representan otra cantera inagotable de emociones que durante siglos han conmovido y entretenido al ser humano con la fuerza seductora de una pasión a la vez sublime y aterradora. Millones de personas devoran estos amoríos excitantes que a menudo envuelven la infidelidad. Las novelas de más éxito, desde la leyenda de *Tristán e Isolda,* o los idilios de *Madame Bovary* y *Ana Karenina,* hasta los relatos y películas recientes como *Los puentes de Madison, El paciente inglés, Titanic* o *American Beauty,* glorifican estos argumentos cargados de emoción, erotismo y engaños.

Independientemente del número de víctimas que se hayan acumulado cuando cerramos el libro, baja el telón o se enciende la luz de la sala, las imágenes o narraciones de intrigas, atrocidades y peripecias humanas, especialmente si pertenecen al reino del tabú, nos deleitan porque resuenan dentro de nosotros con una fuerza especial. Sirven de catarsis liberadora que satisface nuestras fantasías y nuestros sueños más secretos y nos limpia de deseos inconfesables.

La afición a los deportes siempre ha ocupado un lugar preferente entre las actividades de ocio. Desde hace mucho tiempo se sabe que los aficionados sienten intensas emociones cuando ven competir, alientan o vitorean a su equipo o atletas favoritos. La psicología de los hinchas tiene raíces muy antiguas. Cuando nuestros antepasados primitivos vivían agrupados en pequeños clanes nómadas, los guerreros que les defendían en las luchas tribales probablemente producían en ellos las mismas emociones intensas que los atletas de nuestro tiempo producen en sus seguidores más incondicionales. En cierta manera, nuestros héroes deportistas son el equivalente de los guerreros antiguos.

Numerosos estudios, analizados con detalle hace poco por el periodista estadounidense James McKinley, demuestran que los fans se conectan psicológicamente a sus atletas predilectos hasta el punto que simplemente viéndolos en acción experimentan en su cuerpo oleadas de hormonas euforizantes y cambios fisiológicos similares a los que afectan a sus ídolos. Igual que ocurre con los deportistas, los niveles de testosterona de sus seguidores también se incrementan con las victorias y decaen con las derrotas. Una investigación llevada a cabo por el psicólogo James Dabbs, de la Universidad de Georgia, durante el campeonato mundial de fútbol de 1994 en Atlanta, demostró que la cantidad de testosterona en la sangre de un grupo de forofos del Brasil se había elevado un 28 por 100 después del triunfo apoteósico de su club, mientras que el nivel de esta hormona en los desilusionados hinchas italianos perdedores descendió el 27 por 100.

La autoestima, la confianza en sí mismos, el optimismo y la jovialidad de los admiradores de los deportistas aumentan o disminuyen dependiendo del resultado de la competición. Algunos devotos del fútbol, por ejemplo, se identifican con sus jugadores de tal manera que al acabar el partido saltan de alegría, se transportan de gozo, y rebosan de sobreconfianza o de invencibilidad si su equipo gana o, por el contrario, se sienten tristes, frustrados, amargados o iracundos, si pierde. Estos altos y bajos apasionantes pueden llegar a convertirse en una especie de adicción gratificante para muchos aficionados. De ahí, quizá, que los hombres y las mujeres que son entusiastas de los deportes sufran menos episodios de depresión y de sentimientos de soledad o de alienación de la vida que quienes no lo son.

En suma, las relaciones con otras personas, el trabajo y las aficiones y actividades que practicamos durante el tiempo libre constituyen las fuentes principales de nuestros momentos más felices. Aunque hay hombres y mujeres que se concentran preferentemente en uno de estos escenarios y basan su satisfacción con la vida bien en la familia, en el trabajo o en su tiempo de ocio, está demostrado que una cierta diversificación y compartimentalización nos protege. Los estudios de la psicóloga de la Universidad de Yale Patricia Linville indican, por ejemplo, que las personas que desempeñan a gusto varios papeles o identidades diferentes —por ejemplo, como padre, marido, profesional, atleta *amateur,* aficionado a un arte u oficio, o miembro de alguna organización— se sienten menos amenazadas cuando surgen dificultades en un área concreta de su vida. La satisfacción que sentimos con la labor que hacemos en el hogar familiar amortigua el golpe de un fracaso en el trabajo. La ruptura de una relación importante es menos devastadora si la persona siente que es un buen profesional o tiene buenos amigos. Una ocupación gratificante puede jugar un papel muy positivo y alimentar la autoestima en una mujer que está en proceso de divorciarse. En mi opinión, el dicho popular que nos advierte que no es bueno cargar todos los huevos en el mismo cesto es un consejo muy útil. Lo mismo que los inversores no colocan todo su capital en un solo negocio, no debemos esperar alcanzar toda la felicidad siguiendo un solo camino.

De cualquier manera, es evidente que el hilo conductor que une la felicidad que nos aportan las relaciones, el trabajo o las actividades de ocio es el sentimiento de compartir nuestra vida con los demás. A pesar de las amplias libertades, las múltiples alternativas y el ambiente acelerado y tecnológico que ofrece la vida actual, las relaciones con otras personas siguen siendo el medio primordial donde vivimos los momentos más dichosos. Y es que la convivencia, en cualquier contexto, duplica nuestra dosis de alegría y elimina la mitad de la tristeza. Esto quizá explique el que uno de los castigos más antiguos y crueles que existe sea la incomunicación total.

Se dice que el filósofo Aristóteles definió al ser humano como un animal social. Y mucho antes, en el Jardín del Edén, Dios había observado que «No es bueno que el hombre esté solo». Por algo será que las criaturas de seis meses ya persiguen a sus padres gateando, impulsadas por el instinto de conectar y la necesidad irresistible de contacto humano, de compañía, de cariño y de relación.

12
INGREDIENTES DE LA PERSONALIDAD FELIZ

«¿Te amo porque eres bella, o es que
te veo bella porque te amo?»

RODGERS, *Canto del Príncipe a Cenicienta,* 1985

Una de las máximas del famoso duque parisino del siglo XVII La Rochefoucauld, con la que creo que está de acuerdo mucha gente, proclama que la felicidad y la miseria dependen tanto de la suerte como de la personalidad de cada uno. A veces da la impresión de que nuestro viaje por la vida se configura como una cadena de sucesos imprevistos. En cualquier momento las cosas pueden dar un vuelco repentino y alterar drásticamente nuestro programa vital. Me imagino que esta es la razón por la que la diosa Fortuna, hija primogénita de Júpiter, ciega distribuidora de bienes y males, ha sido la deidad más adorada de todos los tiempos.

La suerte es atractiva por su aparente naturaleza democrática. En teoría cae indiscriminadamente sobre grandes y pequeños, ricos y pobres, aunque parece que la buena suerte prefiere a los más dichosos, mientras que la mala ronda a los infelices. Con todo, la percepción de nuestra fortuna es bastante subjetiva. No pocos se sienten bienaventurados aun sufriendo constantemente adversidades tan inmerecidas como inesperadas, mientras que personas que parece que convierten en oro todo lo que tocan, o que ante encrucijadas difíciles siempre salen a flote gracias a la «lotería de la vida», acaban ahogándose en el pesimismo y la amargura. Tener fe en la suerte o en el destino puede ser un poderoso instrumento de resignación de cara a los imponderables que nos perturban, o de autodisculpa ante las consecuencias nocivas de nuestros actos equivocados.

Baltasar Gracián, el filósofo contemporáneo del duque francés, en su obra *Oráculo manual y arte de la prudencia,* equiparó la situación humana al juego de naipes. Este jesuita de Belmonte de Calatayud consideraba que la habilidad y el talante del jugador eran factores importantes a la hora de decidir el resultado de la aventura de la vida. Según este gran pensador, el «jugador» victorioso y feliz es aquel que saca el mayor provecho a las cartas que le sirve la historia, o a las oportunidades que el azar pone a su disposición.

La suerte perdura gracias a la ignorancia y a nuestra incapacidad de explicar racionalmente o de prever los avatares de la existencia. Su dominio comienza a partir del momento en el que el entendimiento y la razón dejan de servirnos de guía. El continuo progreso de la humanidad y el desarrollo de nuestro conocimiento no paran de socavar su protagonismo y, hoy día, no hay motivo para depender tanto de ella como antiguamente. Es evidente que nuestra felicidad ahora está mucho menos condicionada por la fortuna que por aspectos de nuestra personalidad o nuestra manera de ser, y por decisiones o comportamientos que están bajo nuestro control.

A la hora de adivinar si una persona que no conocemos se siente satisfecha con la vida en general, ya hemos visto que no nos ayuda saber si acertó las quinielas o perdió millones en la bolsa hace un par de años, ni si es bien parecida o de físico ordinario, si es superdotada o de intelecto corriente, si es de raza blanca o de raza negra, ni si es nativa del país o es inmigrante. Tampoco nos ayuda que nos aclaren si es hombre o mujer, si tiene veinte años o setenta, si estudió económicas o trabaja de carpintero, si vive en un piso o en una casa, o si conduce un Mercedes nuevo o un Fiat de tercera mano. La mejor pista para poder discernir, con algún grado de certeza, si una persona es dichosa consiste en saber en qué medida posee los tres ingredientes de la personalidad feliz: una autoestima favorable unida al sentido de controlar razonablemente su propia vida, un talante optimista y comunicativo, y una buena capacidad para adaptarse a los cambios y superar los retos que impone periódicamente la existencia.

Numerosos investigadores que han seguido de cerca a miles de hombres y mujeres a lo largo de sus vidas confirman que quienes cuentan con estos atributos de la personalidad tienen muy altas probabilidades de considerarse felices.

Las personas dichosas suelen disfrutar de alta autoestima. Lo opuesto es también cierto. Las personas con baja autoestima suelen sentirse inadecuadas, incompetentes e infelices. Los individuos que se autovaloran, que piensan que tienen buenas ideas y que se consideran socialmente interesantes y atractivos, disfrutan de mejor calidad de vida, tienen menos probabilidades de abusar del alcohol o las drogas, sufren menos de insomnio, se consideran más independientes y persisten con más tesón cuando se enfrentan a tareas difíciles que quienes se infravaloran o se sienten insatisfechos con su manera de ser. Entre el 75 y el 85 por 100 de los hombres y mujeres encuestados en estudios multinacionales seleccionan «tener una buena opinión de uno mismo» como un componente «muy importante» de su dicha.

La relación autoestima/felicidad no nos debe coger por sorpresa. Todas las psicoterapias, los libros de autoayuda y los profesionales dedicados a mejorar la vida a los desgraciados insisten en que debemos aprender a valorarnos y a justipreciar nuestras cualidades y virtudes. Nos aconsejan que alimentemos una imagen positiva, que seamos benévolos con nuestras actitudes y comportamientos, y comprensivos con nuestros fallos o defectos. De ahí el viejo principio de que «para descubrir en nosotros el amor lo primero es amarnos a nosotros mismos».

Un componente esencial de la autoestima es la sensación de que controlamos nuestra vida. Alguien ha dicho que el infierno es ir a la deriva y el cielo es gobernar nuestro barco. Cuando pensamos que dirigimos nuestro destino, mandamos sobre nuestras decisiones o elegimos los derroteros que van a marcar nuestro paso por el mundo, nos sentimos más contentos con nosotros mismos que cuando nos vemos impotentes o incapaces de dominar las circunstancias. Las personas vapuleadas o sometidas por fuerzas irresistibles, como enfemedades físicas o emocionales serias, falta de autocontrol, adicciones, excesiva dependencia de los demás, y quienes se hallan en situaciones de severa privación, de inactividad forzada, de subyugación, de abuso o de cautiverio, se sienten indefensas, se desmoralizan, se desconectan de sí mismas y pierden su sentido de identidad.

Estudios en diversos medios, que van desde residencias de ancianos a ámbitos laborales, indican que a mayor oportunidad de controlar nuestro entorno —en aspectos tan simples como dónde colocar el televisor, de qué forma ordenar los muebles de la habitación o seleccionar el color de las paredes de la oficina— más alta es nuestra autoestima, más activa nuestra participación e incluso, como demostró la psicóloga de la Universidad de Yale Judith Rodin, más saludables nos sentimos. Casi todos nos encontramos mejor en ambientes que nos permiten practicar nuestra capacidad de decisión, expresar nuestra creatividad y disfrutar de las libertades personales. Puestos a elegir, más personas escogemos hacer lo que queremos antes de poseer lo que deseamos. Después de repasar la evidencia científica que respalda el impacto beneficioso del sentido de control de nuestra vida, David Myers concluye: «bienaventurados aquellos que pueden elegir sus propios asuntos».

La autoestima más beneficiosa y duradera es la que, además de benigna, es realista. Me refiero a la autoestima que está basada en la aceptación genuina de nuestras capacidades y limitaciones, en el goce de logros legítimos, en la ilusión enfocada hacia metas alcanzables, y en la habilidad para discriminar entre las situaciones que podemos controlar y las que no. El teólogo Reinhold Niebuhr describe muy bien este don como «la gracia para aceptar con serenidad las cosas que no podemos cambiar, el valor para cambiar las cosas que podemos cambiar, y la sabiduría para distinguir las unas de las otras».

La autoestima es tan valiosa que la protegemos a toda costa. Casi todos, desde muy pequeños, sentimos aversión hacia nuestras imperfecciones y carencias, sobre todo si nos exponen al menosprecio personal o al ridículo público. De ahí la tendencia tan extendida a atribuir nuestros éxitos a la propia competencia y nuestros fracasos a la mala suerte o al destino. En todas las sociedades la necesidad de destacar sobre los demás y el deseo de ser admirados aparecen pronto en la vida. Por eso pensamos con tanta naturalidad que nuestros contrincantes triunfan por casualidad y pierden por su ineptitud.

En casi todos los aspectos sociales codiciados solemos catalogarnos por encima del grupo al que pertenecemos. Por ejemplo, en varios estudios multinacionales la mayoría de los ejecutivos, los profesores, los estudiantes y los conductores de camiones valoraron la calidad de su trabajo por encima de la calidad del trabajo de sus compañeros. Las personas que se sienten inseguras o inadecuadas a menudo recuperan su autoestima devaluando a los demás. Las comparaciones ventajosas también nos amparan de la desilusión y fortifican nuestra confianza y la capacidad para mantenernos contentos.

Esta propensión humana a optar automáticamente por explicaciones que nos favorecen, aunque sean ilusorias, cimenta el principio formulado en los años cincuenta por el psicólogo estadounidense Leon Festinger: las personas amañamos la realidad a nuestro alrededor con el fin de evitar sentimientos incongruentes, disonantes o desagradables y mantener nuestra autoestima ante momentos de prueba o vulnerabilidad. El cuento del escritor danés Hans Christian Andersen *El traje nuevo del emperador* caricaturiza con ingenio esta situación. En el relato, unos avispados estafadores, haciéndose pasar por sastres, fingen «confeccionar» para un presumido soberano un vestido de belleza deslumbrante, pero que solo podía ser visto por las personas de superior inteligencia. Para la gente corriente el traje era invisible. Impulsado por su vanidad y creyéndose superdotado, el soberbio rey paga con oro y perlas el atuendo ficticio, decide «lucirlo» públicamente con orgullo y se pasea impertérrito, en paños menores, por las calles de su reino. Para no pasar por tontos y preservar su autoestima —y probablemente salvaguardar de paso la de su emperador—, los súbditos alaban con ardor patriótico el atuendo imaginario del exultante monarca semidesnudo.

Los hombres y las mujeres de talante optimista y confiado, que tienden espontáneamente a ver las cosas en su aspecto más favorable, son por lo general más felices que los propensos a juzgar las cosas por el lado desfavorable. La tendencia a explicar los sucesos de la vida desde un marco negativo, o la inclinación a desconfiar del futuro o a predecir calamidades, son además perjudiciales para la salud. Por ejemplo, en un estudio de graduados de la Universidad de Harvard, Christopher Peterson y sus colaboradores descubrieron que los licenciados más pesimistas en 1946 eran los menos sanos físicamente en 1980. Igualmente, los estudiantes de la Universidad de Virginia que reaccionaban a los contratiempos con comentarios autocríticos como «es mi culpa y no voy a cambiar nunca» tenían un sistema inmunológico más vulnerable a las infecciones que el de los estudiantes que respondían con una actitud más esperanzada. El psiquiatra Alexander Glassman, de la neoyorquina Universidad de Columbia, ha revisado numerosos estudios que demuestran que los hombres y mujeres optimistas tienen más probabilidades de sobrevivir a un infarto de miocardio, independientemente de la gravedad de este, y se recuperan con más rapidez de las operaciones del corazón o de los injertos coronarios.

Los trabajos del psicólogo Martin Seligman sugieren que las personas que hacen frente a la vida con una disposición abierta y confiada y tienden a decir «¡sí!» a las propuestas y oportunidades que se les presentan experimentan más alegrías, viven más situaciones gratificantes y tienen más éxito en ocupaciones que requieren vender, relacionarse con los demás o trabajar en equipo que las personas más cautelosas, desconfiadas y devotas del «¡no!».

Cuando se analiza la relación entre optimismo y calidad de vida, parece que el optimismo que mejor funciona no es el que consiste simplemente en la tendencia al pensamiento positivo indiscriminado, sino la disposición constructiva y esperanzada que se ajusta a la realidad lo más posible. Los soñadores idealistas que no distinguen entre las metas alcanzables y las imposibles, o no evalúan correctamente el riesgo de ciertas situaciones, pueden llegar a conclusiones equivocadas en sus juicios, sentirse invulnerables y no tomar las precauciones necesarias ante peligros reales. Es curioso que la psicóloga de la Universidad de Maryland Lisa

Aspinwall, una especialista en el estudio del optimismo, ha encontrado recientemente que los optimistas, antes de tomar decisiones importantes, buscan los aspectos negativos de las cosas con más ahínco que los pesimistas, un concepto que desmonta la creencia popular de que los optimistas carecen de un sentido ecuánime o sensato de la realidad.

Las personalidades optimistas tienden a ser extrovertidas y sociables y a menudo irradian una contagiosa alegría de vivir y un júbilo envidiables. La relación entre el optimismo, la extroversión y la satisfacción con la vida ha sido confirmada en numerosos estudios. Es obvio que los hombres y las mujeres vitalistas, alegres y expresivos se involucran más con los demás, tienen más amigos, suelen estar más dedicados a actividades comunitarias, son de trato más fácil y disfrutan de mayor apoyo social. Como demostró Ed Diener, los optimistas extrovertidos experimentan más situaciones positivas, gozan de mayores posibilidades de encontrar pareja, de conseguir un buen trabajo y de hacer nuevas amistades que los pesimistas introvertidos. En definitiva, la vida los trata mejor.

Dado el proceso continuo de transformación y de envejecimiento a que estamos sometidos, y el carácter tan variable, impredecible y dinámico del mundo en que vivimos, nuestra habilidad para adaptarnos a los cambios y para sobreponernos de los golpes que irremediablemente nos propina la vida juega un papel fundamental en el mantenimiento de nuestra felicidad. Por esta razón, una receta valiosa es saber envejecer.

A lo largo de la vida muchas personas sospechan fugazmente y con temor las vicisitudes del paso del tiempo. La mayoría, sin embargo, amparada por la negación masiva del envejecimiento que ejerce la sociedad moderna, no se prepara para esta realidad. No pocos tendrán que superar una cadena de obstáculos inesperados. Prepararnos para envejecer bien no solo es posible, sino deseable. De la misma forma que a los niños y adolescentes se les educa durante años para afrontar las vicisitudes de la edad adulta, los adultos podemos aprender a superar los avatares de nuestra propia longevidad. Por ejemplo, es importante adaptarnos poco a poco a una perspectiva diferente del tiempo. Tras estar acostumbrados a privarnos de placeres inmediatos con el fin de recibir o recoger los frutos y recompensas el día de mañana, de mayores nos enfrentamos progresivamente con la incertidumbre de un futuro que cada día se acorta más. Esto hace que los proyectos a largo plazo pierdan importancia.

En las décadas más avanzadas de la vida no aspiramos tanto a los logros por conseguir como a la experiencia de existir en un presente fugaz. A medida que el futuro se contrae, el pasado aumenta de valor. Por eso es tan importante que repasemos con benevolencia el ayer, que aceptemos la inalterabilidad de la vida ya vivida y nos reconciliemos con los conflictos que no se resolvieron y con los errores que no se rectificaron. El mayor peligro de cualquier revisión crítica de un ayer irreversible es que puede provocar sentimientos de culpa, resentimiento o incluso odio hacia uno mismo.

Para las personas mayores una fuente de dicha es poder participar de la vida de los hijos y los nietos. La transformación gradual de la familia en una unidad social más pequeña y autónoma hace imprescindible que compensemos la falta de ambiente familiar con otras actividades sociales. Los lazos multigeneracionales, dentro y fuera de la familia, ayudan a mantener relaciones estimulantes y de cariño, a compartir experiencias pasadas y presentes, y a superar el aislamiento que produce la muerte del cónyuge o de los amigos. Después de todo, como las leyendas nos enseñan, los mayores son los eslabones que unen las generaciones.

El envejecimiento del cuerpo y de los sentidos disminuye poco a poco nuestra libertad de acción, mientras que los órganos internos nos llaman la atención con sus averías. Por otro lado, las condiciones económicas, que a menudo empeoran después de la jubilación, restringen la capacidad de tomar decisiones libremente. No obstante, si nos lo proponemos, casi siempre es posible adoptar un estilo de vida razonablemente independiente. Las personas mayores que conservan activo el cuerpo y la mente y se esfuerzan en aprender cosas nuevas y mantenerse al día experimentan una vejez más gratificante.

A medida que pasan los años es conveniente irnos desconectando de ciertos papeles propios de la juventud que ya no tienen sentido, y sustituirlos por otros más apropiados y gratificantes. Cualquier intento de agarrarnos a modelos ya pasados nos puede cegar y no dejarnos ver las nuevas posibilidades que ofrece la edad: disfrutar la intimidad real que implica abrirnos y mostrar quiénes somos de verdad; compartir ese yo auténtico, coherente y sabio que solo surge con el tiempo; superar la polarización entre hombres y mujeres; y unir el lado masculino y el femenino que todos llevamos dentro.

Hoy una vida larga y saludable ya no es el privilegio de unos pocos, sino el destino de muchos, de la mayoría. El desafío que se nos plantea es vencer los prejuicios y estereotipos adversos del envejecimiento que existen tanto en la sociedad como dentro de nosotros mismos, y adaptarnos a los cambios impuestos por los tramos posteriores en nuestro recorrido por el mundo, convirtiéndolos en una experiencia de participación, de sabiduría y de benevolencia.

Las raíces de la capacidad humana de adaptación profundizan en nuestro instinto de supervivencia y se nutren en parte de la fuerza biológica de selección natural descrita por Darwin. Esta aptitud natural, unida a nuestros esfuerzos conscientes, no solo nos permite aclimatarnos a las nuevas circunstacias, sino que nos motiva a integrar las cosas nuevas en nuestra vida cotidiana, a abrir los brazos a lo desconocido, a perseguir metas superiores más gratificantes y a no mantenernos mucho tiempo en «punto muerto».

Casi siempre que tratamos el tema de la adaptación en nuestro día a día, sale a relucir el estrés. Hoy muchos hombres y mujeres contestan a las preguntas sobre su calidad de vida haciendo alguna referencia al estrés, palabra que según los expertos proviene del inglés y se usa desde el siglo pasado en el campo de la física para definir el impacto de una fuerza exterior sobre un objeto. Y es que el estrés es un elemento inevitable de nuestra vida diaria. Todos reaccionamos constantemente a las múltiples exigencias de nuestro organismo y de nuestro entorno. El calor nos hace sudar y el frío tiritar, los embotellamientos de tráfico nos exasperan, los agobios de dinero nos desvelan y las enfermedades nos intimidan. Pero está comprobado que una cierta dosis de estrés nos vigoriza, nos mantiene en forma, y estimula la producción de dopamina, epinefrina y otras hormonas relacionadas con la energía que necesitamos para superar los obstáculos que se interponen en nuestro camino.

No comparto la opinión de quienes ven la causa del estrés en la vida plagada de luchas de las ciudades modernas. Es cierto que desde tiempos remotos multitud de pensadores ilustres han pintado las urbes como centros fríos y peligrosos, mientras que glorifican la vida campestre como más grata, virtuosa y saludable. Si bien el medio tranquilo y bucólico de los pueblos pequeños suele ser una invitación seductora y permanente a su idealización, las ciudades ofrecen múltiples posibilidades para disfrutar y para realizarnos.

El ambiente denso, dinámico y variado de los centros urbanos extrae de nosotros un nivel superior de entendimiento y de conciencia. Sus libertades, sus opciones y su ritmo acelerado agudizan la intuición, estimulan formas diferentes de relacionarnos y fomentan estilos de vida novedosos. Y al sentirnos mucho menos coaccionados por reglas inflexibles de conducta o presiones homogeneizantes, tan típicas en las zonas rurales, expresamos más libremente nuestras convicciones, nuestro inconformismo y nuestra creatividad. Las áreas metropolitanas reflejan mosaicos de gentes diferentes que conviven y al mismo tiempo preservan su identidad. Esta heterogeneidad demográfica, a su vez, suscita en nosotros una perspectiva más relativista y tolerante hacia las diferencias.

Como ha señalado el sociólogo urbanista Lewis Mumford, «las ciudades se crearon desde el principio como lugares de dioses, donde se mostraban los valores eternos y se manifestaban los poderes divinos». Si bien estos símbolos han cambiado con el tiempo, las realidades que representan todavía perduran.

El clima también es mencionado con frecuencia como un factor externo importante que influye sobre nuestro estado de ánimo. No pocas personas achacan su crispación o mal humor al tiempo nublado y su buena energía y espíritu alegre al clima soleado. Y aunque a corto plazo hay algo de verdad en estas explicaciones, a la larga el medio atmosférico no ejerce un poder tan decisivo sobre nuestra dicha. Michael Cunningham demostró, por ejemplo, que la gente por lo general se siente más contenta y más predispuesta a ayudar a otros —y hasta dan propinas más generosas a los camareros y taxistas— en los días luminosos que en los oscuros, en especial cuando no hace mucho calor y la humedad es baja. Estas respuestas al tiempo o al medio ambiente tienen probablemente raíces ancestrales. Sin embargo, gracias a la capacidad natural del ser humano para adaptarse a las condiciones atmosféricas más diversas, los pueblos que viven bajo cielos encapotados se sienten tan felices como los habitantes de climas despejados.

Es verdad que existen situaciones cotidianas estresantes que nos hacen vulnerables a las desilusiones, a las infecciones virales o a las molestias digestivas. Pero la gran mayoría de los azotes del día a día nos afectan solo temporalmente. Un rechazo sentimental o un revés en el trabajo nos desalientan. Una subida de sueldo o un triunfo en un juego nos animan. Pero estos sentimientos no duran más de unos días. No pocas noches nos vamos preocupados a la cama y nos despertamos alegres al día siguiente.

Los seres humanos tenemos una enorme aptitud para ajustarnos a las circunstancias y recuperarnos emocionalmente de las coyunturas más extremas, tanto si son derrotas como si son victorias. El bienestar emocional de enfermos crónicos de diabetes, hipertensión, artritis o asma es muy parecido al de personas sanas. Estos pacientes suelen juzgar su felicidad en el contexto de sus gratificaciones en el presente y no en comparación con sus posibilidades teóricas. En este sentido, la felicidad es relativa y a menudo depende de nuestro lugar de observación, de nuestro punto de vista. El mismo estímulo doloroso que es calificado como intolerable por alguien que lo sufre por primera vez, es considerado llevadero por un paciente acostumbrado a soportarlo.

Sin duda, como ya he mencionado, ciertos sucesos socavan profundamente nuestro júbilo y entusiasmo, abruman nuestros recursos emocionales y físicos e interfieren con nuestra capacidad de adaptarnos y funcionar; por ejemplo, los desastres naturales, las guerras, la muerte de un ser querido, el divorcio, la pérdida fulminante del trabajo, las amenazas a la vida, o una grave enfermedad. Y en ocasiones los seres humanos nos exponemos a pruebas o calamidades tan traumáticas y devastadoras que alteran nuestra personalidad y arruinan nuestras probabilidades de dicha. Mas, con excepción de casos estremecedores, la mayoría de las veces los efectos negativos de estos sucesos duran una temporada que raras veces pasa de dos años.

Incluso los desafortunados que pierden facultades importantes a causa de percances o de males repentinos recobran su natural satisfacción con la vida después de un período de ajuste. Parece increíble, pero la mayoría de las víctimas de accidentes de automóvil que sufren una lesión de la médula espinal paralizante de por vida, un año más tarde han recuperado el nivel de contentamiento que tenían antes del siniestro. Un estudio de Robert Sheridan y colegas de la Universidad de Harvard, publicado recientemente, informaba sobre el grado de satisfacción con la vida de un grupo de sesenta niños y niñas que siendo menores de catorce años sobrevivieron a quemaduras masivas del 70 por 100 de su cuerpo y presentaban deformaciones y limitaciones físicas imposibles de corregir. El estudio demostraba que, unos años después de la tragedia, la mayoría ya disfrutaba de un nivel de felicidad similar al de otros niños sin problemas físicos, especialmente si durante su rehabilitación recibieron continuo apoyo familiar. En otro experimento comparativo entre estudiantes con incapacidades físicas incurables importantes y estudiantes sanos de la Universidad de Illinois, ambos grupos se describían igualmente felices. De hecho, el estado de ánimo de los primeros estaba más influido por un enfado con la pareja o por el reproche de un amigo que por su invalidez irreversible.

Muchos investigadores de los efectos de enfermedades graves, como el cáncer, se han sorprendido al descubrir que bastantes afectados dicen que se beneficiaron de alguna manera de su experiencia. Para no pocas víctimas el golpe se convierte en una especie de centro vital alrededor del cual reorganizan una vida previamente desorganizada y configuran nuevos valores y expectativas. A menudo estas personas renuevan relaciones que se habían enfriado y aprecian cosas sencillas a las que antes no daban importancia. Como resultado, resurgen de estas dificultades fortalecidos, más maduros e incluso más ilusionados. Personifican al ave fénix, el legendario animal de plumas de oro y escarlata de la fábula egipcia que, después de quemarse hasta convertirse en cenizas, revive, se energiza y vuela victorioso hacia los cielos. Un símbolo que nos recuerda lo asombrosamente resistentes y adaptables que somos los seres humanos ante las más penosas adversidades.

Una cuestión que brota con frecuencia al plantear los ingredientes de la personalidad feliz es si verdaderamente somos dichosos porque poseemos ciertos atributos o gozamos de ciertos atributos porque somos dichosos. ¿Percibimos nuestro mundo como un lugar maravilloso porque somos felices o somos felices porque vemos nuestro mundo a través de un cristal de idealización? O como le preguntaba el Príncipe a Cenicienta: «¿te amo porque eres bella o es que te veo bella porque te amo?».

Una sólida autoestima unida al sentido de control sobre nuestra vida, el talante optimista, amistoso y expansivo, y una buena capacidad para adaptarnos a los cambios y superar los reveses de la vida suponen una garantía de felicidad para cualquiera. Pero la lógica inversa de este discurso es también razonable. Como la socióloga Ruut Veenhoven y sus colegas han demostrado, cuando nos sentimos felices gozamos de una buena opinión de nosotros mismos, disfrutamos de nuestras relaciones, nos orgullecemos de nuestro trabajo y nos encontramos satisfechos con nuestra calidad de vida en general. También nos vemos autosuficientes, en control de nuestro destino, y percibimos poca diferencia entre nuestra situación real y nuestras aspiraciones. Los hombres y mujeres dichosos tienen altas posibilidades de mantener un empleo, de encontrar pareja, de conservar su buena forma física y mental, y de considerarse favorecidos por la suerte. El bienestar subjetivo nos facilita la gratificación en situaciones cotidianas, desde una puesta de sol a un paseo por el parque, y nos impulsa a apreciar la belleza en el mundo circundante. Helen Keller, la escritora ciega y sordomuda, resumió estos conceptos de la siguiente manera: «la felicidad es el fuego sagrado que mantiene nuestro ánimo encendido y nuestra imaginación radiante».

Un hecho muy positivo es que los seres humanos tenemos la posibilidad de aumentar nuestra predisposición a sentirnos dichosos. Nuestra educabilidad y plasticidad natural hacen que podamos modificar nuestras emociones, actitudes y conductas con esta meta, aunque la tarea requiera un esfuerzo continuado. Después de todo, si aprender a hablar cuesta muchos meses y aprender a amar es cuestión de años, no nos debe extrañar que aprender a vivir felices sea labor de toda una vida.

El Dalai Lama, el monje budista del Tíbet que vive exiliado en la India, en *El arte de la felicidad,* nos explica con sencillez y, en mi opinión, con gran acierto que «el primer paso en la búsqueda de la felicidad es aprender, aprender las emociones y conductas que nos hacen sufrir y las que nos hacen sentirnos dichosos». Según este líder espiritual, debemos empezar «identificando los factores que nos hacen felices y aquellos que nos producen sufrimiento». El paso siguiente consiste en «suprimir gradualmente los factores que nos conducen al sufrimiento y fomentar los que nos conducen a la felicidad». Las premisas de este proceso, en el fondo, incluyen los viejos axiomas socráticos de «conócete a ti mismo» y «la verdad te hará libre», así como las *Verdades nobles* atribuidas a Buda: «La vida es difícil, pero las dificultades se pueden superar si reconocemos sus causas y salvamos los obstáculos que nos impiden vencerlas».

Resulta obvio que cuanto mejor nos conocemos más fácil nos resulta identificar correctamente los rasgos de nuestra personalidad que nos conviene cultivar y los que debemos desechar. El conocimiento de quiénes somos como seres individuales y sociales nos ayuda a acertar en nuestras relaciones amorosas, en nuestras amistades y en nuestra vocación ocupacional o profesional. También nos aporta una visión realista de nuestras posibilidades.

Si somos conscientes de nuestro estado de ánimo y de nuestras emociones, en el mismo momento que las estamos experimentando, nos resulta más sencillo evaluar la situación en la que nos encontramos y modular nuestros sentimientos. Y si logramos subordinar nuestras pasiones a la meta que nos proponemos, aumentamos nuestra motivación, nuestra creatividad y las probabilidades de alcanzarla. Otra ventaja es que al comprendernos también nos amamos, pues cuanto más entendemos algo, más podemos amarlo. Por otra parte, cuanto mejor conectados estamos a nuestros propios sentimientos, más fácilmente sintonizamos con los sentimientos de los demás. Las relaciones gratificantes con otras personas requieren compenetración basada en nuestro análisis adecuado de sus emociones.

Familiarizarnos con nuestra forma de pensar y, concretamente, con las creencias, actitudes y suposiciones más o menos automáticas que hacemos sobre nosotros mismos y sobre los demás nos ayuda a captar y cuestionar los prejuicios venenosos que albergamos y a abrirnos a la posibilidad de cambiarlos. El conocimiento de uno mismo implica ser consciente de las consecuencias positivas y negativas de nuestros actos, tanto las inmediatas —el hecho de que si tocamos fuego nos quemamos— como las que se producen a largo plazo. Ciertas conductas repercuten en nosotros, dejan residuo y configuran nuestro mundo del mañana. Aprender de las experiencias pasadas nos ayuda a cambiar y a evolucionar. El psicólogo William James aconsejaba hace casi un siglo que «si queremos neutralizar nuestros comportamientos que no nos gustan o consideramos nocivos, debemos forzarnos asiduamente a practicar los comportamientos opuestos que deseamos desarrollar, aunque al principio lo hagamos de una forma mecánica o a sangre fría».

Aprender a vivir felices, por consiguiente, exige curiosidad, introspección y conocimiento de nosotros mismos, pero también requiere una dosis generosa de confianza, entusiasmo, autodisciplina y flexibilidad ante los cambios, pues todo en nuestro universo está en constante transformación y movimiento. Como alguien ha dicho, no podemos pisar dos veces en el mismo río, porque las aguas fluyen sin cesar.

En definitiva, todos podemos aprender a fomentar nuestra vitalidad física y mental, a prevenir o superar los aguijonazos que inevitablemente nos proporciona la existencia, a estimular los rasgos de nuestro carácter que nos ayudan a ser dichosos o a desprendernos de las tendencias que nos lo impiden y, en consecuencia, a añadir vida a los años y de paso sumar años a la vida. Aprender a vivir contentos es, con seguridad, una inversión rentable porque el talante feliz no solo es un fin, sino también un medio: por un lado, nos permite experimentar un estado de ánimo alegre y placentero y, por otro, es un instrumento que nos sirve para extraerle a la vida lo mejor que ofrece. El famoso autor parisino Voltaire en el siglo XVIII ya expresó este concepto cuando, según se cuenta, dijo: «He decidido ser feliz porque, además, es bueno para la salud».

Con este pensamiento concluyo el breve discurso sobre nuestra felicidad que me comprometí a hacer, a manera de chamán, una tarde de verano en el Central Park de Nueva York. Dejo, así, mis ideas y sentimientos desplegados a vuestros pies. Ahora, lo único que os pido es que piséis suavemente.

NOTAS Y REFERENCIAS BIBLIOGRÁFICAS

1. EL RETO DEL CENTRAL PARK

Central Park (Parque Central): El parque más importante de la ciudad de Nueva York. Ocupa 340 hectáreas en el centro del barrio de Manhattan. Diseñado por los arquitectos Frederick Olmsted y Calvert Vaux, su construcción comenzó en 1857 y terminó en 1876. Considerado uno de los grandes paisajes urbanos artificiales que existen, cuenta con casi medio millón de árboles, numerosas lagunas, praderas, jardines, rocas, puentes y más de cien kilómetros de caminos.

CHAMÁN: «El que sabe». En el sistema religioso de los pueblos primitivos de Siberia, Indonesia, Australia, del Polo Norte y de otras partes del mundo, era la persona dotada de poderes especiales para curar a los enfermos invocando a los espíritus por medio de ritos y sacrificios. Como entonces se pensaba que la enfermedad estaba causada por el secuestro del alma por los demonios, la función del chamán consistía en comunicarse con los espíritus, encontrar el alma en el más allá y devolverla al cuerpo del enfermo.

CHAMANISMO: *Nueva Enciclopedia Británica,* vol. 26, Chicago, págs. 977-980, 1992.

EINSTEIN, Albert: *El mundo como yo lo veo,* 1949. En: David Myers: *The pursuit of happiness,* Avon Books, Nueva York, 1992.

ROJAS MARCOS, Luis: *Antídotos de la nostalgia,* Espasa Calpe, Madrid, 1998.

2. PALABRAS, CIVILIZACIÓN Y OPORTUNIDADES

BARROW, John: *The origins of the universe,* Basic Books, Nueva York, 1994.
CRAWFORD, Harriet: *Sumer and the sumerians,* Cambridge University Press, Cambridge, 1991.
DARWIN, Charles: *The expression of the emotions in man and animals* (1872), The University of Chicago Press, Chicago, 1965.
DIAMOND, Jared: *Guns, germs and steel,* W. W. Norton, Nueva York, 1999.
FROMKIN, David: *The way of the world,* Alfred A. Knopt, Nueva York, 1999.
GÉNESIS. En: *Biblia de Jerusalén,* Editorial Desclée De Brouwer, Bilbao, 1992.
JOHANSON, Donald, y BLAKE, Edgar: *From Lucy to language,* Simon & Schuster, Nueva York, 1996.
LYKKEN, David: *Happiness,* Golden Books, Nueva York, 1999.
MUMFORD, Lewis: *The city in history,* Harcourt Brace Jovanovich Publishers, Nueva York, 1961.
NACIONES UNIDAS: *Women, challenges to the year 2000,* United Nations Publications, Nueva York, 1991.
PLATO AND PLATONISM: *The New Encyclopedia Britannica,* vol. 25, Chicago, 1992.
ROJAS MARCOS, Luis: *La ciudad y sus desafíos,* Espasa Calpe, Madrid, 1992.
STARR, Chester: *A history of the ancient world,* Oxford University Press, Nueva York, 1965.

3. CIENCIA, HUMILDAD Y BIENESTAR

ARISTÓTELES: *Moral, a Nicómaco* (h. 350 a. C.). Colección Austral, Madrid, 1978.

CALDER, Nigel: *Einstein's universe,* Penguin Books, Londres, 1980.

DARWIN, Charles: *The origin of species* (1858), Crowell-Collier Publishing Company, Londres, 1962. (Trad. española: *El origen de las especies,* Espasa Calpe, Madrid, 1987.)

— *The expression of the emotions in man and animals. Op. Cit.*

DESCARTES, René: *Discourse on method and the meditations,* Penguin Books, Londres, 1968.

ENCUESTA GENERAL DE MEDIOS: *Usuarios de Internet,* Madrid, octubre de 1999.

FAIRLEY RANEY, Rebecca: «American Life Project, study finds Internet of social benefit to users», *The New York Times,* 11 de mayo de 2000.

FREUD, Sigmund: *El malestar en la cultura* (1930), Alianza Editorial, Madrid, 1970.

FROMM, Erich: *The art of loving,* Harper & Row, Nueva York, 1956. (Trad. española: *El arte de amar,* Paidós, Barcelona, 1992.)

GÉNESIS. *Op. Cit.*

HAWKING, Stephen: *A brief history of time,* Bantam Books, Nueva York, 1988.

HOBSBAWM, E. J.: *Industry and empire from 1750 to the present day,* Penguin, Londres, 1969.

HOLTON, G.: *Albert Einstein: historical and cultural perspectives,* Princeton (Nueva Jersey), Princeton University Press, 1982.

INSTITUTO NACIONAL DE ESTADÍSTICA: *Indicadores Sociales de España,* Madrid, 1999.

JONES, Ernest: *The life and work of Sigmund Freud,* Basic Books, Nueva York, 1961.

MARÍAS, Julián: *La felicidad humana,* Alianza Editorial, Madrid, 1987.

MARKOFF, John: «A newer crowd emerges in Internet study», *The New York Times,* 16 de febrero de 2000.

MEYER, Jerome: *World book of great inventions,* The World Publishing Company, Nueva York, 1956.

PLATO AND PLATONISM: *Ob. cit.*

ROJAS MARCOS, Luis: «El ojo televisual». En: *Latidos de fin de siglo,* Espasa Calpe, Madrid, 1996.

ROJAS MARCOS, Luis: «El regalo de Darwin». En: *Antídotos de la nostalgia,* Espasa Calpe, Madrid, 1998.

SEGALLER, Stephen: *A brief history of the Internet,* TV Books, Nueva York, 1999.

The works of Aristotle, The Encyclopedia Britannica, Chicago, 1952.

4. MEDICINA Y CALIDAD DE VIDA

CALLAHAN, Daniel: «Death and the research imperative», *The New England Journal of Medicine* 342 (2000): 654-656.

CARTWRIGHT, Frederick: *Disease and history,* Dorset Press, Nueva York, 1972.

JOHANNES, Laura: «Looking good and plastic surgery», *The Wall Street Journal,* 18 de octubre de 1999.

KEVORKIAN, Jack: *Prescription medicine, the goodness of planned death,* Prometheus Books, Nueva York, 1991.

KÜBLER-ROSS, Elisabeth: *On death and dying,* Macmillan Publishing Company, Nueva York, 1969.

LAUMANN, Edward, *et al.*: «Sexual dysfunction in the United States», *Journal of the American Medical Association* 281 (1999): 537-544.

«Looking back on the millennium in medicine», *The New England Journal of Medicine* 342 (2000): 42-49.

«Métodos anticonceptivos», *El País,* Madrid, 28 de octubre de 1999.

NULAND, Sherwin B.: *How we die,* Alfred A. Knopf, Nueva York, 1994. (Trad. española: *Cómo morimos,* Alianza Editorial, Madrid, 1995.)

— «Physician assisted suicide an euthanasia in practice», *The New England Journal of Medicine* 342 (2000): 583-584.

PINCUS, Gregory: *The control of fertility,* Academic Press, Nueva York, 1965.

ROCK, John: «Synthetic progestins in the normal human menstrual cycle», *Recent Progress in Hormone Research* 13 (1957): 324.

ROWE, John, y KAHN, Robert: *Successful aging,* Pantheon Books, Nueva York, 1998.

SIEGEL WATKINS, Elizabeth: *On the pill,* The John Hopkins University Press, Baltimore, 1998.

SULLIVAN, Amy D., *et al.*: «Legalized physician-assisted suicide in Oregon», *The New England Journal of Medicine* 342 (2000): 598-604.

TOLSTOI, León: *The death of Ivan Ilych* (1886), Oxford University Press, Nueva York, 1960.

UTIGER, Robert: «A pill for impotence», *The New England Journal of Medicine* 338 (1998): 1458-1459.

VARGAS LLOSA, Mario: «Una muerte tan dulce», *El País,* 25 de abril de 1999.

VIAGRA: «Comercialización en España», Europa Press Salud, Madrid, 8 de febrero de 1999.

5. SIGNIFICADOS DE LA FELICIDAD

ARISTÓTELES: *Moral, a Nicómaco. Op. Cit.*

BELLUCK, Pam: «When the heart sings, part of the cortex gets busy», *The New York Times,* 24 de julio de 1999.

BROWNE, Malcolm: «Piccard's balloon history in 20 days», *The New York Times,* 21 de marzo de 1999.

CARROLL, Lewis: *Alicia en el país de las maravillas* (1865) y *A través del espejo y lo que Alicia encontró allí* (1871), Ediciones Cátedra, Madrid, 1992.

DARWIN, Charles: *The expression of the emotions in man and animals. Op. Cit.*

DECLARACIÓN DE LA INDEPENDENCIA DE ESTADOS UNIDOS: *Enciclopedia Británica,* vol. 6, University of Chicago, Chicago, 1992.

FREUD, Sigmund: *El malestar en la cultura. Op. Cit.*

GARDNER, Eliot L.: «Brain reward mechanisms». En: *Substance abuse,* Williams & Wilkins, Baltimore, 1992.

LANE, D. Richard, *et al.:* «Neuroanatomical correlates of happiness, sadness and disgust», *American Journal of Psychiatry* 154 (1997): 926-933.

MARÍAS, Julián: *La felicidad humana. Op. Cit.*

MARX AND MARXISM: *The New Encyclopedia Britannica,* vol. 23, Chicago, 1992.

MORA, Francisco: «La felicidad y la neurobiología», *El País,* 25 de abril de 1989.

PINKER, Steven: *How the mind works,* W. W. Norton, Nueva York, 1999.

ROUSSEAU, Jean-Jacques: *Reveries of the solitary walker* (1782), New York University Press, Nueva York, 1979.

RUSSELL, Bertrand: *La conquista de la felicidad* (1930), Colección Austral, Espasa Calpe, Madrid, 1978.

— *What is happiness?,* H. C. Kinsey & Co., Nueva York, 1939.

SAVATER, Fernando: *El contenido de la felicidad,* Ediciones El País, Madrid, 1986.

STILLE, Alexander: «A happiness index», *The New York Times,* 19 de mayo de 2000.

VERDÚ, Vicente: «La perfección», *El País,* 13 de febrero de 1999.

6. EL TERMÓMETRO DE LA SATISFACCIÓN

ANDREWS, Frank, y WITHEY, Stephen: *Social indicators of well-being,* Plenum, Nueva York, 1976.

ARGYLE, Michael: *The psychology of happiness,* Methuen & Co. Ltd., Londres, 1987.

CIS: *Datos de opinión 3, perfiles actitudinales,* Estudio CIS 2203, Madrid, diciembre 1995.

COSTA, Paul, *et al.:* «Environmental and dispositional influences on well-being: longitudinal follow-up of an American national sample», *British Journal of Psychology* 78 (1987): 299-306.

FREUD, Sigmund: *El malestar en la cultura. Op. Cit.*

FROMM, Erich: *The art of loving. Op. Cit.*

INGLEHART, Ronald: *Culture shift in advanced industrial society,* Princeton University Press, Princeton (Nueva Yersey), 1990.

LYKKEN, David: *Happiness. Op. Cit.*

MYERS, David: *The pursuit of happiness,* Avon Books, Nueva York, 1992.

— y DIENER, Ed: «Who is happy?», *Psychological Science* 6 (1995): 10-19.

ROJAS MARCOS, Luis: «El hambre de perfección». En: *La ciudad y sus desafíos,* Espasa Calpe, Madrid, págs. 66-76, 1992.

— «¿Autoengaño? Sí, gracias». En: *Latidos de fin de siglo,* Espasa Calpe, Madrid, 1996.

RUSSELL, Bertrand: *La conquista de la felicidad. Op. Cit.*

STILLE, Alexander: «A happiness index», *The New York Times,* 19 de mayo de 2000.

STRACK, Fritz, *et al.*: *Subjective well-being,* Pergamon Press, Nueva York, 1991.

TAYLOR, Shelley E.: *Positive illusions,* Basic Books, Nueva York, 1989.

«The way we live now poll», *The New York Times Magazine,* 7 de mayo de 2000.

SZASZ, Thomas: *Com. pers.,* 1998.

VEENHOVEN, Ruut: «The utility of happiness», *Social Indicators Research* 22 (1988): 333-354.

— *How harmful is happiness,* Universitaire Pers Rotterdam, Holanda, 1989.

— *Conditions of happiness,* Dordrecht and Boston, Reidel, 1984.

VOLTAIRE (François-Marie Arovet): *Cándido o el optimismo* (1759), Biblioteca Edaf, Madrid, 1994.

7. REPARTO DE LA DICHA

ARGYLE, Michael: *The psychology of happiness. Op. Cit.*

BECKER, Anne E., *et al.*: «Eating disorders», *The New England Journal of Medicine* 340, 14 (1999): 1092-1098.

BRICKMAN, Philip, *et al.*: «Lottery winners and accident victims: is happiness relative?», *Journal of Personality and Social Psychology* 36 (1978): 917-927.
CAMPBELL, Angus: *The sense of well-being in America,* McGraw-Hill, Nueva York, 1981.
CIS: *Datos de opinión 3, perfiles actitudinales. Ob. cit.*
DIENER, Ed, *et al.*: «Happiness of the very wealthy», *Social Indicators* 16 (1985): 263-274.
DURKHEIM, Émile: *Selected writings,* Cambridge University Press, Nueva York, 1972.
ETCOFF, Nancy L.: *Survival of the prettiest,* Doubleday, Nueva York, 1999.
GOLEMAN, Daniel: *Emotional intelligence,* Bantam, Nueva York, 1994. (Trad. española: *La inteligencia emocional,* Editorial Kairós, Madrid, 1996.)
INGLEHART, Ronald: *Culture shift in advanced industrial society. Op. Cit.*
JOSEPH, Rhawn: *The naked neuron,* Plenum Press, Nueva York, 1993.
LAST, John M.: «Rates of suicide, WHO». En: *Public health and human ecology,* Appleton and Lange, Stamford (Connectient), 1998.
MICHALOS, Alex: *Life satisfaction and happiness, global report on student well-being,* vol. I, Springer-Verlag, Nueva York, 1991.
MIGUEL, Amando de: *La sociedad española 1992-1993,* Alianza Editorial, Madrid, 1992.
MYERS, David: *The pursuit of happiness. Op. Cit.*
NACIONES UNIDAS: *Women, challenges to the year 2000,* United Nations Publications, Nueva York, 1991.
NEUGARTEN, Bernice, *et al.*: «Women's attitudes towards the menopause», *Vita Humana* 6 (1963): 140-151.
ROJAS MARCOS, Luis: «El hambre de perfección». En: *La ciudad y sus desafíos,* Espasa Calpe, Madrid, 1992.
— «El enigma del suicidio». En: *Las semillas de la violencia,* Espasa Calpe, Madrid, 1995.
— «Cociente de inteligencia». En: *Latidos de fin de siglo,* Espasa Calpe, Madrid, 1996.

ROWE, John, y KAHN, Robert: *Successful aging. Op. Cit.*

SAVATER, Fernando: *El contenido de la felicidad. Op. Cit.*

SHAKESPEARE, William: *Hamlet* (1603), Simon & Schuster, Nueva York, 1959.

SONDEO DEMOSCOPIA, *El País,* 2 de enero de 2000.

SPREITZER, E., *et al.*: «Correlates of life satisfaction among the aged», *Journal of Gerontology* 29 (1974): 454-458.

STOCK, William, *et al.*: «Age and subjective well-being: a meta-analysis», *Evaluation Studies Review Annual,* vol. 8, Sage, Beverly Hills, 1983.

STRACK, Fritz, *et al.*: *Subjective well-being,* Pergamon Press, Nueva York, 1991.

VAILLANT, George: *Adaptation to life,* Little Brown, Boston, 1977.

VEENHOVEN, Ruut: *The utility of happiness. Op. Cit.*

— *Conditions of happiness. Op. Cit.*

WOLF, Naomi: *The beauty myth,* William Morrow, Nueva York, 1991.

8. CUERPO Y ALMA

ACKERMAN, Diane: *Una historia natural de los sentidos,* Anagrama, Madrid, 1992.

ARGYLE, Michael: *The psychology of happiness. Op. Cit.*

BEAUVOIR, Simone de: *La vieillesse,* Editions Gallimard, París, 1970. (Trad. española: *La vejez,* EDHASA, Barcelona, 1989.)

CHOPRA, Deepak: *Ageless body, timeless mind,* Harmony Books, Nueva York, 1993.

CIS: *Datos de opinión 3,* perfiles actitudinales. *Ob. cit.*

DARWIN, Charles: *The expression of the emotions in man and animals. Op. Cit.*

DEEG, Dorly J. H., *et al.*: «Does happiness lengthen life?». En: Veenhoven, Ruut: *How harmful is happiness,* Universitaire Pers Rotterdam, Holanda, págs. 29-41, 1989.

GOLEMAN, Daniel: *Emotional intelligence. Op. Cit.*

GREELEY, Andrew: *Faithful attraction,* Tor Books, Nueva York, 1991.

HOUSE, J. S., *et al.:* «Social relationships and health», *Science* 76, (1988): 540-545.

KELLER, Helen: «The story of my life» (1902). En: *Encyclopedia Britannica,* vol. 6, Chicago, 1992.

KENDLER, K. S., *et al.:* «Causal relationship between stressful life events and the onset of major depression», *American Journal of Psychiatry* 156 (1999): 837-841.

JAMES, William: *The principles of psychology,* Dover Publications, Nueva York, 1918.

MARAÑÓN, Gregorio: «The psychology of gesture», *Journal of Nervous and Mental Disease* 112 (1950): 469-497.

MYERS, David: *The pursuit of happiness. Op. Cit.*

NORWID, Cyprian: «Espiritualidad». En: Myers, David: *The pursuit of happiness. Op. Cit.*

NULAND, Sherwin B.: *The wisdom of the body,* Alfred A. Knopf Inc., Nueva York, 1997.

OKUN, Morris, *et al.:* «Health and subjective well-being: a meta-analysis», *International Journal of Aging and Human Development* 19 (1984): 111-132.

POLOMA, Margaret, *et al.:* «Religious domains and general well-being», *Social Indicators Research* 22 (1990): 255-276.

PRATT, M.: «Benefits of lifestyle activity vs. structured exercise», *Journal of the American Medical Association* 281 (1999): 375-376.

ROJAS MARCOS, Luis: «The emotional correlates of smiling and laughter», *American Journal of Psychoanalysis* 34 (1974): 33-41.

SPIEGEL, David: «Healing words», *Journal of the American Medical Association* 281 (1999): 1328-1329.

— *et al.:* «Effect of psychosocial treatment on survival of patients with metastatic breast cancer», *Lancet* 2 (1989): 888-891.

«The way we live now poll», *The New York Times Magazine,* 7 de mayo de 2000.

VEENHOVEN, Ruut: *How harmful is happiness. Op. Cit.*

VITA, Anthony, *et al.:* «Aging, health risks, and cummulative disability», *The New England Journal of Medicine* 338 (1998): 1035-1041.

WITTER, Robert, *et al.:* «Religion and subjective well-being in adulthood.», *Review of Religious Research* 26 (1985): 332-342.

9. LAS SEMILLAS DE LA DICHA

ANGIER, Natalie: «Genetic Code of human life is cracked by scientists», *The New York Times,* 27 de junio de 2000.

BOUCHARD, Tom, *et al.:* «The sources of human psychological differences: the Minnesota study of twins», *Science* 250 (1990): 223-228.

BOWLBY, John: *Attachment and loss,* Basic Books, Nueva York, 1969.

EISENBERG, Leon: «The social construction of the human brain», *American Journal of Psychiatry* 152 (1995): 1563-1575.

— «Would cloned human really be like sheep?», *The New England Journal of Medicine* 340 (1999): 471-475.

ERIKSON, Erik H.: *Childhood and society,* W. W. Norton, Nueva York, 1950.

FONTANA, Vincent: *Somewhere a child is crying,* Penguin Books, Nueva York, 1973.

HEIM, Christine, *et al.:* «Pituitary-adrenal and autonomic responses to stress in women after sexual and physical abuse in childhood», *Journal of the American Medical Association* 284 (2000): 592-597.

LYKKEN, David: *Happiness. Op. Cit.*

MOGILNER, A., *et al.:* «Somatosensory cortical plasticity in adult humans», *National Academy of Science* 90 (1993): 3593-3597.

NEMEROFF, Charles: «The preeminent role of early untoward experience on vulnerability to major psychiatric disorders», *Molecular Psychiatry* 4 (1999): 106-108.

PINKER, Steven: *How the mind works,* W. W. Norton, Nueva York, 1999.

ROJAS MARCOS, Luis: «Abuso en la intimidad». En: *Las semillas de la violencia,* Espasa Calpe, Madrid, 1995

WIESEL, T. N.: *The postnatal development of the visual cortex and the influence of the environment* (Discurso del Premio Nobel, 1981), Fundación Nobel, Estocolmo (Suecia), 1982.

10. LADRONES DE LA FELICIDAD

BARRY, Kathleen: *Female sexual slavery,* New York University Press, Nueva York, 1979.

CENTERS FOR DISEASE CONTROL VIETNAM EXPERIENCE STUDY: «Health status of Vietnam veterans», *Journal of the American Medical Association* 259 (1988): 2701-2709.

DOZIER, Rush: *Fear itself,* St Martin's Press, Nueva York, 1998.

FREUD, Sigmund: *El malestar en la cultura. Op. Cit.*

GÉNESIS. *Op. Cit.*

GLASSMAN, Alexander, *et al.:* «Depression and the course of coronary artery disease», *American Journal of Psychiatry* 155 (1998): 4-11.

GOLDBERG, Carey: «Poll finds decline in teen-age fear and violence», *The New York Times,* 20 de octubre de 1999.

JORDAN, B. K., *et al.:* «Problems with families of males Vietnam veterans with postraumatic stress disorder», *Journal of Consulting Clinical Psychology* 60 (1992): 916-926.

JOSEPH, Rhawn: *The naked neuron,* Plenum Press, Nueva York, 1993.

KENDLER, K. S., *et al.:* «Causal relationship between stressful life events and the onset of major depression», *American Journal of Psychiatry* 156 (1999): 837-841.

KLERMAN, Gerald, *et al.:* «Increasing rates of depression», *Journal of the American Medical Association* 261 (1989): 2229-2235.

MENDLOWICZ, Mauro, y STEIN, Murray: «Quality of life in individuals with anxiety disorders», *American Journal of Psychiatry* 157 (2000): 669-682.

ROJAS MARCOS, Luis: «Espinas del amor». En: *Antídotos de la nostalgia,* Espasa Calpe, Madrid, 1998.

— *Las semillas de la violencia,* Espasa Calpe, Madrid, 1995.

ROJAS MARCOS, Luis: «Era de la depresión». En: *Latidos de fin de siglo,* Espasa Calpe, Madrid, 1996.

SCHONFELD, W. H., *et al.:* «The functioning and well-being of patients with unrecognized anxiety disorders and major depressive disorder», *Journal of Affective Disorders* 43 (1997): 105-119.

SELIGMAN, Martin: *Learned optimism,* Random House, Nueva York, 1991.

SHAKESPEARE, William: *Hamlet* (1603), Simon & Schuster, Nueva York, 1959.

SHERBOURNE, C. D., *et al.:* «The functioning and well-being of patients with panic disorder», *American Journal of Psychiatry* 153 (1996): 213-218.

«The changing rate of major depression, cross-national comparisons», *Journal of the American Medical Association* 268 (1992): 3098-3105.

VAILLANT GEORGE, E.: «Natural history of male psychological health, XIV: Relationship of mood disorder vulnerability to physical health», *American Journal of Psychiatry* 155 (1998): 184-191.

11. ESCENARIOS DE LA ALEGRÍA

ARGYLE, Michael: *The psychology of happiness. Op. Cit.*

BARUCH, Grace, y BARNETT, Rosaline: «Role quality, multiple role involvement and psychological well-being in midlife women», *Journal of Personality and Social Psychology* 51 (1986): 578-585.

CSIKSZENTMIHALYI, Mihaly: *Flow, the psychology of optimal experience,* Harper & Row, Nueva York, 1990.

ERIKSON, Erik H.: *Vital involvement in old age,* W. W. Norton, Nueva York, 1989.

FROMM, Erich: *The art of loving. Op. Cit.*

GIBRÁN KHALIL: *El profeta* (1923), Biblioteca Edaf, Madrid, 1991.

GREELEY, Andrew: *Faithful attraction,* Tor Books, Nueva York, 1991.

HOUSE, J. S., *et al.:* «Social relationships and health», *Science* 76 (1988): 540-545.

LINVILLE, Patricia: «Self-complexity as a cognitive buffer against stress-related illness and depression», *Journal of Personality and Social Psychology* 52 (1987): 663-676.

MCKINLEY, James: «It isn't just a game: clues to avid rooting», *The New York Times,* 11 de agosto de 2000.

MARKOFF, John: «A newer crowd emerges in Internet study», *The New York Times,* 16 de febrero de 2000.

MAYO, Elton: *The human problems in an industrial civilization,* Macmillan, Nueva York, 1933.

MEAD, Margaret: *Male and female: a study of sexes in a changing world,* William Morrow, Nueva York, 1949.

MYERS, David: *The pursuit of happiness. Op. Cit.*

ROJAS MARCOS, Luis: *La pareja rota,* Espasa Calpe, Madrid, 1994.

— «Trabajo, dulce trabajo». En: *Antídotos de la nostalgia,* Espasa Calpe, Madrid, 1998.

STILLE, Alexander: «A happiness index», *The New York Times,* 19 de mayo de 2000.

STREITFELD, David: «A world wide web of workaholics», *The Washington Post National Weekly Edition,* 21 de febrero de 2000.

TOLSTOI, León: *Ana Karenina* (1877), Editorial Juventud, Barcelona, 1959.

12. INGREDIENTES DE LA PERSONALIDAD FELIZ

ASPINWALL, Lisa: «Making a case for optimism», *The New York Times,* 20 de junio de 2000.

CAMPBELL, Angus: *The sense of well-being in America,* McGraw-Hill, Nueva York, 1981.

COSTA, Paul, *et al.:* «Environmental and dispositional influences on well-being: longitudinal follow-up of an American national sample», *British Journal of Psychology* 78 (1987): 299-306.

CUNNINGHAM, Michael R.: «Weather, mood and helping behavior», *Journal of Personality and Social Psychology* 37 (1979): 1947-1956.

DALAI LAMA y CUTLER HOWARD C.: *The art of happiness,* Riverhead Books, Nueva York, 1998.

ERIKSON, Erik H.: *Vital involvement in old age. Op. Cit.*
FRIES, J. F.: «Aging, natural death, and the compression of morbidity», *The New England Journal of Medicine* 303 (1980): 130-135.
FROMM, Erich: *The art of loving. Op. Cit.*
GIBRÁN KHALIL: *El profeta. Op. Cit.*
GLASSMAN, Alexander, *et al.: Depression and the course of coronary artery disease. Op. Cit.*
GOLEMAN, Daniel: *Emotional intelligence. Op. Cit.*
JAMES, William: *The principles of psychology. Op. Cit.*
LARSON, Randy: «Is feeling in control related to happiness in daily life?», *Psychological Reports* 64 (1989): 775-784.
MECCA, Andrew, *et al.: The social importance of self-esteem,* University of California Press, Berkeley, 1989.
MYERS, David: *The pursuit of happiness. Op. Cit.*
NIEBUHR, Reinhold: *Beyond tragedy,* Scribner, Nueva York, 1937.
OKUN, Morris, *et al.:* «Health and subjective well-being: a meta-analysis», *International Journal of Aging and Human Development* 19 (1984): 111-132.
PETERSON, Christopher, *et al.:* «Pessimistic explanatory style is a risk factor for physical illness: a 35-year longitudinal study», *Journal of Personality and Social Psychology* 55 (1988): 23-27.
RODIN, Judith: «Aging and health effects of the sense of control», *Science* 233 (1986): 1271-1276.
ROJAS MARCOS, Luis: «La suerte». En: *Latidos de fin de siglo,* Espasa Calpe, Madrid, 1996.
— «El estrés». En: *Antídotos de la nostalgia,* Espasa Calpe, Madrid, 1998.
— *Aprender a vivir,* Fundación La Caixa, Barcelona, 1999.
SCHEIER, Michael, *et al.:* «Dispositional optimism and physical well-being», *Journal of Personality* 55 (1987): 169-210.
SELIGMAN, Martin: *Learned optimism. Op. Cit.*
SHERIDAN, Robert, *et al.:* «Long-term outcome of children surviving massive burns», *Journal of the American Medical Association* 283 (2000): 69-77.
VEENHOVEN, Ruut: *Conditions of happiness. Op. Cit.*

ÍNDICE ANALÍTICO